四特 教育系列丛书 SITEJIAOYUXILIECONGSHU

U0695876

从管到不管

《"四特"教育系列丛书》编委会 编著

吉林出版集团股份有限公司
全国百佳图书出版单位

图书在版编目（CIP）数据

从管到不管／《"四特"教育系列丛书》编委会编著．
—长春：吉林出版集团股份有限公司，2012.4
（"四特"教育系列丛书／庄文中等主编．课堂教学与
管理艺术）

ISBN 978-7-5463-8722-2

I.①从… Ⅱ.①四… Ⅲ.①课堂教学－教学管理－中
小学 Ⅳ.① G632.421

中国版本图书馆 CIP 数据核字（2012）第 043989 号

从管到不管
CONG GUAN DAO BUGUAN

出 版 人　吴　强
责任编辑　朱子玉　杨　帆
开　　本　690mm×960mm　1/16
字　　数　250 千字
印　　张　13
版　　次　2012 年 4 月第 1 版
印　　次　2023 年 2 月第 3 次印刷

出　　版　吉林出版集团股份有限公司
发　　行　吉林音像出版社有限责任公司
地　　址　长春市南关区福祉大路 5788 号
电　　话　0431-81629667
印　　刷　三河市燕春印务有限公司

ISBN 978-7-5463-8722-2　　　　　定价：39.80 元

前　言

　　学校教育是个人一生中所受教育最重要的组成部分，个人在学校里接受计划性的指导，系统地学习文化知识、社会规范、道德准则和价值观念。学校教育从某种意义上讲，决定个人社会化的水平和性质，是个体社会化的重要基地。知识经济时代要求社会尊师重教，学校教育越来越受重视，在社会中起到举足轻重的作用。

　　"四特教育系列丛书"以"特定对象、特别对待、特殊方法、特例分析"为宗旨，立足学校教育与管理，理论结合实践，集多位教育界专家、学者以及一线校长、老师们的教育成果与经验于一体，围绕困扰学校、领导、教师、学生的教育难题，集思广益，多方借鉴，力求全面彻底解决。

　　本辑为"四特教育系列丛书"之《课堂教学与管理艺术》。

　　目前，在我国的学校教育中，课堂教学仍然是一种主要的教育教学活动，要想有效地提高课堂教学质量与效果效率，就必须充分尊重和应用教育科学理论，系统学习、研究、提高课堂教学艺术水平，这不仅是对课堂教学的客观要求，而且是教育教学研究的发展趋势之一。因此，有志于从事教育事业当一名教师的教育专业学生，都有必要去学习、研究课堂教学艺术，为今后做一名合格的教师进行充分的准备。本书把教育教学理论和教育教学实践有机地结合起来，系统地研究课堂教学的规律和实践，研究教学过程中的各种实际问题。

　　本书还有另一个很明确的目的：确立班级管理的专业地位，提升师生教学质量。我们分别从学生、教师（班主任）的角度分别进行说明。班级管理是一门艺术，大凡艺术殿堂的攀登，都需要自觉的奉献；班级管理又是一门科学，涉及科学领域的探索，必依赖智慧的涌动。希望本书的出版，能为工作在第一线的广大中小学班主任提供一个支点，能唤起一部分对班主任工作感兴趣的专家学者的热情，共同来研究这个新课题，让班主任班组管理这项至关重要的工作更具科学性和艺术性。这也是本书编写的意义所在。

　　本辑共20分册，具体内容如下：

　　1.《怎样把课说好》

　　"说课"是深化教育改革，探讨教学方法，实践教学手段，提高教育教学业务水平的一种好方法，也是教师进一步学习教育理论，用科学的手段指导教学实践，提高教学科研水平，增强教学基本功的一项重要方法。本书主要从说课准备、精心设计与组织说课材料、幽默为教法服务、情感学法说课、辅助教学程序、互动教学目标、应对说课失误和总结说课经验等方面来进行铺垫和阐述。我们站在说课者的角度，多层次地模拟了说课中遇到的各种问题，并提出了相应的改进措施，希望教师在说课中少走弯路，对于日后的说课教学能起到更大的帮助。

　　2.《怎样设计教学情境》

　　本书着重探讨了如何使新课程提倡的自主学习、探究学习、合作学习真正进入课堂之中。通过介绍西方课堂设计的理论和教学策略，总结国内课堂教学改革的成功经验，为教师进行有效的课堂设计提供切实的指导和帮助。

3.《怎样把课备好》

备课能力是一个教师最基本的业务能力。备课是教师教学活动的一个重要组成部分，也是上好一堂课的前提和重要保证。教师要上好课，首先必须备好课，备课是一项深入细致的工作，是教师达成良好教学效果的关键。教师备课最需要用"心"、用"情"、用"力"和重"思"。

4.《怎样把课上好》

课堂"动"了，学生"活"了，互动、对话成为课堂教学的常态了，课堂上出现一系列变动不居的场景也就在情理之中了。教师根据课堂教学中生成的各种资源，形成后续的、新的教学行为。动态成为常态，生成成为过程，这些教学的新要求，是上课时教师需要加以灵活掌握的，也是本书所要介绍的。希望通过本书，教师不仅能获得教学的新理念，同时能获得基本的教学策略。

5.《走出教学雷区》

由于学识、经验、能力、性格、思维等诸方面的限制，教师由于认识和行动上产生了偏差，在教学过程中走入误区在所难免。本书列举了日常教学工作中教师常出现的一些问题甚至错误，分析这些问题产生的根源及这些问题在教学中的呈现形式，提出解决的方案，可以引导教师走出误区，通过"行动—反思—再行动—再反思"，可以引导教师做一个反思型教师，从而促进教师在专业化的道路上更快的成长和进步。

6.《让学生出类拔萃》

在学校里，优秀的学生往往是重点培养对象，集"万千宠爱于一身"，但是作为教师，不能忽视对他们的培训和教育。教师应该正确认识和了解优秀的学生，做好培优工作，积极引导，严格要求，满足他们强烈的求知欲，充分施展其才能并通过优秀的学生积极进取的态度、较好的学习方法影响和帮助其他同学共同进步，使全体学生成绩不断地推进。

对优秀的学生的培养是一项艰巨而漫长但又极具乐趣的工程，希望通过本书的学习，我们的教师都能发现千里马，精心、尽力培养，让他们跑得更快、更远！

7.《一对一教学》

"一刀切"式的教学方法普遍存在于课堂数学中。然而，每个学生特点各异，只有建立在了解学生基础上的个性化教学才能使学生受益无穷。

崭新的课本、新潮的教学技巧、最新的教学设备、优秀的教师都是学生成功的关键。坚信我们有责任坚持不懈地寻找和发现优秀的孩子，我们也要认识到每一个孩子都与众不同。本书致力于了解我们的学生并找到适合各个学生的教学方法，因材施教。

8.《让课堂动起来》

教师如何形成新的课堂教学艺术技巧、如何让课堂变得更加生动有趣，这正是本书论述的要旨所在。

教师要上好一堂课，除要有热情与高度的责任感外，还要有渊博的知识和一定的讲课技巧，教师必须认真备课、多动脑、多想办法，有了一定的授课技巧，课堂就会时时呈现出精彩！

9.《不怒自威》

本书以清新的笔调、翔实的案例向教师娓娓道来：要树立起自己的威信，教师除了要师德高尚、敬业爱生、专业精湛、诚实守信、仪表得当，还要宽严有度、教管有方、赏罚分明、公平公正。只有这样，学生对教师才能心悦诚服，也只有这样，教师才不会在"学生难管"的哀叹中失落教育的权威。

10.《好学生是怎样炼成的》

行为变为习惯，习惯养成性格，性格决定命运。一个动作，一种行为，多次重复，就能进入人的潜意识，变成习惯性动作。习惯对每个人梦想的实现，命运的选择起到了决定性作用。青少年正处于一个习惯的塑造和培养期，养成良好的习惯会让每个孩子都成为好学生，会使其受益终生。

11.《与差生说拜拜》

本书以新颖的创作手法和情真意切的教育语言从多个方面阐述了怎样对后进生进行转化，如何正确认识后进生，坚守对后进生的教育之爱，唤起后进生向上的信心，解开后进生的"心结"，有针对性地解决后进生的"问题"行为，加大对后进生的学法指导，提升后进生的自身能力，善用工作技巧来解决后进生问题，走出教育后进生的误区。本书有较强的可读性、针对性、实用性和操作性，对教师转化后进生的教育工作有实际性的参考和切实有效的帮助。

12.《从管到不管》

课堂管理艺术和技巧是以学生发展为本的，是教师教学智慧的新表征，是教学实践和经验概括和理性提升，本书所阐述的艺术和技巧是简约的、实用的、可操作的、可借鉴的。教师通过本书的阅读和借鉴，能够在新课程实践探索的道路上，不断更新课堂管理理念，优化课堂管理行为，形成新的教学本领和新的课堂管理艺术，让课堂教学焕发出生命的活力。

13.《把握好教学心理》

为了帮助读者成为"有意识的教师"，笔者提出了若干问题以引导学生思考和学习，并列举大量课堂实例，作为实践范例。本书鼓励教师去思考学生是如何发展和学习的；鼓励教师在教学之前和教学过程中做出决策；鼓励教师思考如何证明学生正在进行学习、正在迈向成功。本书反映了当前有关的新理论与新进展，所介绍的各种研究结论在课堂实践中得到了验证与应用。该书所倡导的兼收并蓄的均衡教学为教学的专业化发展奠定了基础。

14.《完美的班规》

优秀的班集体需要制订切实可行、行之有效的好班规。本书采用了通俗的创作方法，把死板的道理鲜活化，把教条的写法改变为以案例为主，分析、评点为辅，把最先进的教育理念和方法融入有趣的情境中。经典的案例、情境式的叙述、流畅的语言、充满感情的评述、发人深省的剖析深入浅出，让教师更充分地领会先进、有效的教育方法。

15.《让问题学生不再成问题》

班级里总有那么些学生：有的顶撞教师，经常迟到；有的迷恋网络，偷拿钱物，早恋；有的对同学暴力相向，甚至离家出走。教师在他们身上花费了很多精力，然而收效甚微。教育这些学生，需要耐心，更需要教育的智慧。

本书是一部针对这一现象为教师提供方法的教育研究专著，也是一部教育学通俗读物。本书把智慧型教育理论化、具体化、可操作化，且适当规范化。这既是教育学生的一本"医书"，也是教师科学思维方式的培训教材。

16.《消除师生间的鸿沟》

本书在编写中，尽力以轻松的笔调来"海阔天空"地谈论教育中的师生关系这一敏感问题，以求能让读者在阅读中有快乐、有启发、有思辨。本书每一篇章采用夹叙夹议的编写风格，叙述的是事例，议论的是道理。为了最终能让读者更广泛、更深刻地明白教育道理，本书一般通过"生活事例—生活道理—教育道理—教育案例"这种内外结合、纵横交错的行文方式，实现"顺理成章"的阅读品质。

17.《用活动管理班级》

随着社会和教育的发展，我们对班级的认识也经历着一个相应的发展历程。班主任的角色定位与对班级性质的认识应该是相匹配的。班级活动作为班级功能主要的承载体，在功能、形式和内容上同样需要在新课程背景下重新定位。本书紧扣班主任专业化发展这一核心理念，从班主任实际工作需要出发，由案例导入理论问题，又理论联系实践，突出案例教学与活动的组织和设计；不仅贯彻教育部提出的针对性、实效性、创新性、操作性等原则，而且便于进行系统、有选择性的培训。

18.《学生奖惩艺术》

现阶段，学校普遍提倡激励教育，少用惩罚性处罚手段，认为处罚会打击学生的自尊心，使学生丧失上进和改正缺点的动力。但是，激励不是万能的。教育不能没有处罚，没有处罚的教育是不完整的教育。本书针对教师如何奖励和处罚学生进行了系统而深入的分析和探讨，并提出了解决这一问题的新思路、可供实际操作的新方案，内容翔实、个案丰富，对中小学教师颇有启发意义。本书体例科学、内容生动活泼、语言简洁明快、针对性强，具有很强的系统性、实用性、实践性和指导性。

19.《永葆教育激情》

谁"偷走"了中小学教师的激情？生命中不能承受之重对教师起到了什么影响？教师职业倦怠的原因在哪里？克服倦怠的具体行动有哪些？如何正确认识和驾驭工作压力？……这些问题就是本书要为你回答的。本书对教师的职业倦怠进行了系统而深入的分析和探讨，并提出了解决这一问题的新思路、可供实际操作的新方案，内容翔实、教案丰富，对中小学教师颇有启发意义。

20.《超级班级管理法》

班级管理是一门艺术，大凡艺术殿堂的攀登，都需要自觉的奉献；班级管理又是一门科学，涉及科学领域的探索，必依赖智慧的涌动。本书是多位优秀班主任集思广益、辛勤笔耕的结晶。一是实用性强，所选的问题都来自班主任的实际工作，容易引起班主任的同感。二是可操作性强，提出的应对方法都简便易行。三是时代性强，所选问题与当前课程改革，与学生实际相结合具有浓厚的时代气息。

由于时间、经验有限，本书在编写等方面，难免存在不足和疏漏之处，敬请各界读者、一线教师及教育界人士批评指正。

编者

C 目 录
ONTENTS

第一章　带着激情去教书 ……………………………………（1）

教学更需要教师的耐心 ………………………………………（2）

带着微笑进课堂 ………………………………………………（6）

好的课堂语言是"炼"出来的 ………………………………（12）

课堂不能缺少幽默 ……………………………………………（19）

课堂教学细节处理是关键 ……………………………………（27）

课堂评语要说到学生心坎上 …………………………………（33）

课堂提问要问到点子上 ………………………………………（40）

带着激情去教书 ………………………………………………（46）

让课堂活起来 …………………………………………………（51）

让诗意在教学中流淌 …………………………………………（57）

"教到深处"是情感 …………………………………………（62）

让学生成为课堂的主人 ………………………………………（70）

兴趣是最好的老师 ……………………………………………（75）

情境，让学生乐在其中 ………………………………………（80）

教师，请不要吝啬你的赞美 …………………………………（87）

教育无痕，润物无声 …………………………………………（95）

第二章　班规面前人人平等 …………………………………（101）

让批评发挥应有的教育功效 …………………………………（102）

平等对待每一位学生 …………………………………………（107）

请记住学生的名字 ……………………………………………（113）

让每个孩子都挺起自信的胸膛 ………………………………（117）

让学生学会管理自己 …………………………………………（125）

重言传更重身教 ………………………………………………（130）

育人重在育心…………………………………………（134）

与学生共同制定班规……………………………………（139）

班规面前人人平等………………………………………（147）

奖惩两手抓两手都要硬…………………………………（151）

用人格魅力感染学生……………………………………（159）

建立班主任应有的威信…………………………………（163）

身教重于言教……………………………………………（170）

少一些包办，多一些自主………………………………（173）

自觉——纪律教育的核心………………………………（177）

把遵守纪律培养成习惯…………………………………（181）

形成良好的班风很重要…………………………………（185）

增强班级凝聚力…………………………………………（189）

铸造班级精神……………………………………………（195）

第一章

带着激情去教书

教学更需要教师的耐心

教育家赫尔巴特认为教师是艺术师、工程师。教师应采取符合儿童心理规律的程序，有计划、有步骤地传授给儿童知识和品德。这也就是告诉教师，教学不仅需要爱心，还需要耐心。

世界知名教育专家兰本达在她的《小学科学教育的"探究——研讨"教学法》中多次指出："耐心是一种品德，是取得教学成功的理所当然的必备条件。"知识的获得，经常是困难、艰苦、缓慢的过程，很多时候，我们的教师缺少的不是专业的教学技巧，而是一种耐心，一种等待学生"赶上来"的耐心。

其实，耐心是一种涵养，它要求你不急不躁，冷静行事；耐心是一种理解，它要求你能反思，能多替别人想一想；耐心是一种宽容，它要求你满怀爱意对学生进行指导、帮助、教育；耐心又是一种期盼，它就像你撒下的种子，等待成熟一样。揠苗助长是缺乏耐心的最好例证。

我们有了耐心，就不会动辄责罚学生，就不会对学生失去信心。有了耐心，我们就会冷静地对待学生身上出现的这样那样的问题，并妥善地加以解决。精诚所至，金石为开，因为教师的耐心，学生会"赢得"更多的独立思考和学习的时间，在有限的时间内学到更多的知识；同时，他们会被教师的耐心所感动，从而努力克服自身的不足，努力去完善自己。更重要的是，因为教师有了耐心，也使得教师每天都拥有一份好心情，去领略教育成功的喜悦。

"蹲"下来，显耐心
——支玉恒老师课堂教学一例

支玉恒，他是小学语文教学界的一位传奇人物。他快40岁时才由体育教师转为语文教师，结果一教就教出了自己的个性，教出了语文教学的名堂，教出了在全国的影响，被誉为小学语文界"四大天王"之一。他开创了小学语文教学"以读代讲"之风，创立了"自主发展——点拨启导"式教学。

"蹲下身子"等学生,支老师在课堂教学中"循循善诱"的耐心和细致,永远是一道亮丽的风景。

笔者曾有幸在中央电教馆远程教育网站录放的"新课程语文课堂教学观摩会"中,看到支玉恒老师的"四年级作文指导"课。很长时间,笔者一直在认真地思考这节课,体味得越多,越是佩服这位名师能够随机应变,因材施教,能够一次又一次"蹲"下来,去耐心地引导学习习惯较差的学生。

第一次"蹲"下来:因为面对的是不爱写作文的学生。一上课,支老师用一个巧妙的问题将学生引入作文的情景之中。老师问:"你们看我拿着一个话筒走来走去,像不像一个歌唱家?"简单的一问,自然引出了写人作文的几个要素,如外貌、动作、神态等,支老师把它们一一写在黑板上。有了"写入"作文的思路,老师就问:"想不想写作文?"学生的回答出人意料,"不愿意!"老师又问:"那你们想干什么?"学生答:"喜欢玩!"又问了几个学生,答案都一样。"这节课还怎么上下去?"连笔者都在心里替支老师犯愁。出乎意料的是,支老师让自己"蹲"了下来,他问:"如果写作文像玩一样,还想不想写?"学生听说作文课和玩一样,就来了精神,马上同意了。第一次"蹲"下来,让学生找到写作文和自己爱好相通的点。支老师的良苦用心,把一群贪玩的孩子高高兴兴地领进了学习的天地。

第二次"蹲"下来:因为面对的是不会写作文的学生有了写作的兴趣,支老师就点明了本节课写作的主题:"小孩小"和"老人老",两个题目任选一题。这时,学生又摆出了难题:"不知道怎么写,怎么办呢?"面对这种情况,支老师第二次让自己"蹲"了下来,放缓了写作要求,问:"我们先写个片段,每人用5分钟的时间写3句话,行不行?还有没有困难?"学生答:"有困难,不会具体地写。"针对这种情况,支老师让自己"蹲"得更低,他用"一个小孩吃饼干"这件事为例子,让学生在具体的语言环境中理解什么是"概括写",什么是"具体写"。有了这样的基础,学生开始进行片段练习,真是功夫没有白下,短短5分钟,学生都能用自己的话来具体描写一个情景,短短5分钟,学生学会了具体地写,可谓水到渠成。这样,有了写作基础,支老师才布置学生完成一篇完整的作文。20分钟后,每一个学生都拿出了一篇像模像样的作文来,即使是学习习惯较差的学生,这次的作文也能抓住主要内容来进行描述,尽管他们的语言还不是很流畅,用词还不是很准确,但清晰的写作思路、典型的事例描写,让我们看到了他们在这节生成性的课堂上发生的巨大的变化。

在短短的两节课上，年近七旬的支老师每一次"蹲"下来，都换来了学生的一大步成长。在课堂上，我们看到的是这一群孩子在迅速地提升写作水平，看到的是这一群孩子的写作兴趣在一点点高涨起来，看到的是这一群孩子的学习习惯在一点点发生着转变。我们相信，以后，他们不会再轻易地说："不爱上课，就爱玩。"此时，我真切地体会到"没有教不好的学生，只有不会教的老师"。

在教学中，我们的教师应该顺应学生的实际水平和发展规律，像支玉恒老师一样，"蹲"下身子，用耐心和细心来引导学生，让他们在浓厚的兴趣中学习，在学习中享受快乐。

课堂是进行教学活动的场所，是学生在教师的有效指导下学习的乐园，学生的学习需要遵循一定的规律，是一个由"不知"到"知"，由"知之甚少"到"知之较多"的缓慢过程，因此教师教学时，要学会耐心等待。

教师在课堂教学中处理问题时，很多时候会尽可能地把该考虑的、该分析的、该计算的问题等一股脑说出来，从表面上看，这样好像做到了"多快好省"，但从效果上看，教师讲解明白的，可能用不了一两天学生就记不清了，而学生自己做出的题，自己思考出的结果，往往会终生不忘。因此，教师在不影响教学进度的前提下，不妨慢一点、等一等，给学生一点对问题全面的、整体的思考时间。

在课堂上，当学生回答问题考虑不全面时，教师立刻给予更正，学生不一定能够弄明白其中的原因，而等一等，给学生一个交流的机会，让双方都说出各自的思路，彼此取长补短，合二为一，既解决了问题，又增进了师生、生生间的交流，也培养了学生独立思考、互相合作的能力。

教学需要教师的耐心，耐心要求教师要学会"等待的艺术"，等待是一种期望、一种鼓励。在课堂上，多一些等待，学生就多一些自主探索的经历和体会，多一些对问题的深思和熟虑，多一些对知识的理解和升华，多一些与他人交流合作的机会和体验。

在课堂教学中，教师不应该害怕学生的"沉默"和"短暂的不理解"，因为这些，往往是新的课堂生成的生长点。对教师而言，"沉默"往往蕴含生成的契机，而正是在让学生从"不理解"到"理解"的转换过程中，教师才能体验到成功的快乐。

教育是慢的艺术，教学是需要耐心的艺术，很多时候，我们的教师需要

的是学会做一个耐心、宽容的"课堂麦田"守望者。

1. 耐心引导，关注学生的意志品质

一般情况下，不少学生对学习的印象是枯燥、难懂，教师则信奉"严师出高徒"的古训，对待学生的学习缺乏耐心细致的引导，造成一部分学生讨厌学习，甚至产生"破罐子破摔"的心理，更谈不上使学生具备克服学习过程中所遇到的困难的意志力。因此，教师在教学中，应考虑培养学生克服困难的自信心和意志力，注意给学生提供具有挑战性的问题，让学生有机会经历克服困难的学习活动，使每个学生都能在学习中既获得成功的体验，又有面临挑战的机会和经历，从而锻炼克服困难的意志，建立学好知识的自信心。这对教师而言是一个持之以恒、潜移默化的过程，需要一定的时间，也应该有足够的耐心。

2. 耐心辅导，关注后进生的发展

后进生是迟绽的花蕾，是待开的资源。后进生是相对的，变化发展的，没有一成不变的后进生，后进生是可以转化为优等生的。那么，如何转化后进生呢？只有对后进生充满爱心，关爱后进生，才能做好他们的转化工作。苏联教育家赞可夫曾说："漂亮的孩子人人都喜欢，而爱难看的孩子才是真正的爱。"这就是说，对后进生要动之以情，要细致耐心地进行辅导，使他们的心在温暖的关怀中渐渐融化，点燃他们追求上进、成为优等生的希望之火。

3. 耐心答疑，培养学生好问的学习习惯

教师在课堂教学中，要让学生在学习的过程中能够在提出问题的前提下解决问题。其实，提出问题比解决问题在一定程度上更为重要，这就要求教师能够在教学的过程中认真、细致、耐心地回答学生提出的各种问题，使每一个学生的每一个问题都能够得到满意的答复，甚至是学生提出的一些古怪的、莫名其妙的问题都应该引起足够的重视，万不可敷衍了事，更不能置之不理。

4. 耐心等待学生的进步

我国伟大的教育学家陶行知先生早在半个世纪前就指出，教育孩子的秘密在于相信孩子和理解孩子。学生学习成绩有所下降，教师难免着急、浮躁。这时教师应先冷静下来，尽量避免与学生之间的对立情绪，学会耐心等待学生的成长。考试是检测学生学习情况的一种措施，只有我们正确地对待学生的考试成绩，学会赏识自己的学生，等待自己的学生，才能使其健康快乐地成长。

带着微笑进课堂

世界上，没有什么东西能比一个阳光灿烂的微笑更能打动人的了。

人们常说："我们要带着微笑回家。"这是因为，有笑的家，是一个充满着欢乐与和谐的场所与集体。带着微笑回家，可以让幸福的家庭更加美满，可以让不幸的家庭变得快乐。和谐之家需要欢笑。

作为教师，我们工作的对象更多的是学生，进入的场所更多的是课堂。作为教师，我们更应该思考，我们是否更需要把微笑带进课堂。因为，有笑的课堂，是一个充满活力和魅力的课堂；有笑的课堂，可以让学生在愉快中接受知识。微笑上课应该成为现代教师的新形象和新追求。

面对学生，教师的一个微笑，能够使他们感受到，教师的心与他们的心相连。教师带着微笑进课堂，给学生一种强大的亲和力，而这种亲和力一定使教师的魅力倍增，也必将给学生带来巨大的学习兴趣和学习动力，毫无疑问，教师的教学质量也必然得到提高。

教师的微笑，永远是学生成长与进步的阳光雨露！

教师的微笑，不仅仅是为了学生，更是为了自己！

教师，你今天微笑了吗？

——夏洪立老师的微笑教学

微笑，一个多么美好的字眼，它体现着人们的友善和真诚，沟通着人与人之间的关系。培根说过："和蔼可亲的态度是永远的介绍信。"作为一个天天与山区小学生打交道的年轻教师而言，微笑则显得更为重要，不仅是对学生，也是对自己。我在这几年的信息技术课的教学过程中就深有体会。

我们学校由于大部分班级的学生人数多，因此在上信息技术课时我就不得不安排两个学生为一组，共用一台电脑。在上课过程中，我发现不少同学

都在抢着使用电脑，他们会在座位上小声争吵。长期以来，我的课堂都是很不好管理的，于是我便严格规定每组学生使用电脑的先后顺序，不准后用的同学争抢，还时不时故意一副严肃的样子批评个别不听话的学生。

在我向学生演示具体操作步骤时，由于学生不能自己操作，就显得有些浮躁，有的学生小声说话，有的学生做小动作。我就常常对他们的行为用极为严厉的语气来批评指正。学生在我的"管理"下也不敢太过"吵闹"。于是每堂课都在我的"不辞辛劳"的说教中进行着……

直到有一天，我的课堂开始有了变化。

那一天，应该上四年级的"用计算机画画"中的"使用椭圆工具画画"一课，由于信息技术课需要采取"任务驱动"教学模式，我便告诉学生，将要学习怎样使用椭圆工具画太阳，这时有学生举手开始发言了。

"老师，我想画一个像娃娃脸一样的红太阳。"

"我想画个太阳公公。"

"老师，我想画个笑眯眯的太阳。"

这时还有一个很小的声音说："老师，我想画你笑着的脸。"

"老师笑都很难笑，怎么画呢？"一个学生接着说。

"笑一笑，十年少。"……

大家七嘴八舌地说开了。

我不由得怔了一下，想不到我在学生的心目中早已经是不会笑的样子了，可学生还是希望看我微笑着给他们上课。但为了"镇住"这些调皮的学生，我不能随便笑。

此时，我板着脸说："你们平时不太听话，惹老师生气，我怎么笑得起来呢？如果你们上课认真听讲的话，老师就能笑得出来。"

这时一个学生站起来小声地说："老师，不是我们不听话，是因为电脑太好玩了，大家都争着用，所以才讲话。希望你以后多笑一笑，好吗？"

望着那群天真的孩子，我再也忍不住笑了，说："其实老师在课堂外还是爱笑的，只是在上课时看到你们不听话，我就笑不出来了，我保证以后一定多笑着给你们上课，好吗？"

后来，我在每堂课上都尽量微笑着讲课，我发现这些学生原来是那么的

可爱，看来我平时对他们的了解不够，只是看到他们让人心烦的一面。以后要多发现和放大学生的优点，并且多点赞扬和鼓励。即使学生不时地犯些小错误，我还是尽量放在课后妥善处理好。渐渐地，课堂安静了，上课气氛也好了，学生跟我也更亲近了，每个学生都很开心，我也常被这种快乐气氛感动。

有学生曾经在课后问我："夏老师，你今天很开心吗？"

"为什么这么问呀？"我好奇地问她。

那个学生说："因为你今天是笑着上课的，我们也很高兴，你不知道以前我们有多怕你。"

是啊，我曾经每天都在不停地批评这个，指责那个，但在学生眼里，老师还是那么的神圣。我以前的做法真的有点冷漠，以致把我与学生无情隔离。

我不禁反思：面对学生，我又投入了多少爱呢？

培根说过："当你对学生微笑时，能增强你的亲和力，能消除学生对你的防范意识，增进师生间的情感。"特别是在学生遇到困难和遭受挫折时，老师的微笑能带给他们克服并战胜困难的勇气和力量。

一个爱微笑的教师才能教出许许多多爱微笑的学生。当学生学会微笑时，就已迈上了成功的第一步，也是最紧要的一步。微笑能帮助学生克服更多的困难，能让学生结识更多的朋友，能使学生成为最受欢迎的人，能给学生带来更多的机会，还能培养学生乐观的学习心态。教会了学生微笑，不仅等于教会了学生学习、生活，实际上是培养了一种积极、乐观的心态，真正做到既教书又育人。

每一个学生都非常需要教师的微笑和表扬。当你为学生的不懂事而烦恼时，你就多问问自己："你今天表扬学生了吗？你今天笑了吗？"

无论事大事小，多带微笑进课堂，多表扬表扬学生吧！你会发现，他们会表现得更好！

学生的生命拥有灿烂的阳光，面对学生，笑不起来的教师是不称职的。面对一群天真活泼的学生，我们有什么理由紧绷着脸？微笑是人们互相交往

的连心锁；微笑是友好的，预示着我们之间没有任何心理距离。

在人文教育的今天，教师的微笑更显得格外重要。平时，我们大多注意怎样才能让学生学得更快、学得更好。然而，却忽视了能否给学生带来快乐。我们应该懂得，给别人快乐的同时，自己也是快乐的。

每天早晨，当我们以甜美的微笑迎接每一个学生，用温柔、亲切的话语和他们交流，班级就是一个用爱心营造的温暖家园。假如，教师紧绷着一张脸，在学生面前装出一脸的严肃，学生感受不到温暖与关爱，师生间的感情就会疏远。在听讲座的过程中，我们自身的感受最深，当授课教师面带笑容、风趣幽默的引经据典、启迪思考时，我们每个人的心情是愉快的，只有这样才能听得轻松、学有成效。

教师的微笑应该是善意的、发自内心的，而不应该是装出来的笑。只有心中装着学生的教师才会有甜美的、会心的、善意的微笑，只有真正有爱心的教师的微笑才能给学生带来温暖，学生才会尊重你。

"笑一笑十年少"，当我们在遇到烦恼时多想想开心的事，让我们把微笑带进课堂，把我们的课堂营造成一个温馨的家园，为了学生，也为了自己！

在现代教学理念的指引下，人们逐渐认识到，学生才是课堂教学的主体，而教师起主导作用。在课堂教学中，教师应该为学生创设情境，尊重学生，鼓励学生，引导学生去学习。

在教学实践中，教师的心态和情绪将直接影响课堂效果，这是一个毋庸置疑的事实，简单的微笑也会改变课堂。

1. 重视微笑

美国密歇根大学心理学教授詹姆士对人的微笑所做的"注解"："面带微笑的人，通常在处理事务、教导学生等方面，都显得更有效率，也更能培育快乐的孩子。笑容比皱眉头所传达的讯息要多得多。"生活中人们重视微笑的魔力，认为"你对他人微笑，他人就对你微笑""你对生活微笑，生活就对你微笑"。教学同样如此。"你对学生微笑，学生就对你微笑；你对课堂微笑，课堂就对你微笑"。在教学实践中，教师总是希望每个学生在学习上都很优秀。殊不知，世界上没有完全相同的两片绿叶，学生必然存在差异，

每个个体都有自身的特点，个性鲜明。学生的特殊性造成某些教学预设无法实现，学生的注意力分散造成课堂秩序的混乱。再或者教学设想脱离了学生实际、教学内容过于陈旧、教学手段过于单一，以致课堂气氛沉闷、学生兴趣不浓、积极性不高……种种矛盾会使得教师情绪不佳。在这种情况下，笔者认为，微笑是最好的方法，教师应将个人的情感升华到理性层面，把不良情绪引向崇高的境界，将其强大的心理能量加以疏导，凝聚到教学工作或学习生活中。

2. 善用微笑

越是情绪状态不佳的时候，越需要我们理智地思考，越需要我们冷静地对待每一件事。一件坏事并不是在任何时候都使我们烦心，它往往是在我们精力、情绪状态最差时影响我们。

学生生理、心理及语言能力的发展具有阶段性特征，不同内容的教学也有各自的规律，教师应该根据不同学段学生的特点和不同的教学内容，采取合适的教学策略，促进学生语文素养的整体提高。很多时候，教学中出现了问题，是教师没有充当好组织者和引导者的角色。

相信每一位教师都曾体会过带着情绪上课所造成的危害；相信每一位教师也都曾在课堂上因学生的顽皮而气恼，因学生的质疑而羞愧，因学生的冷漠而懊恼，因学生的茫然而大发雷霆等。曾听过班级任课教师的倾诉：学生真的让我恼火——上课注意力不集中、听不懂、有问题不问、师生互动效果差等。在这些问题的背后，教师可曾事后细思，问题的症结在哪？可曾扪心自问，学生存在差异，教师有没有及时调整情绪，转变观念，因材施教？找到了问题的症结，教师才不会抱怨学生，而是能够以宽容大度的胸怀从自己身上查找原因，调整好自己的情绪。

相信每一位教师都深知，与其让课堂教学糟糕的局面继续恶化，还不如教师从自身转变——用微笑温暖学生的胆怯，用微笑鼓励学生的创造，用微笑感化学生的顽劣，用微笑激发学生探究的热情。进入课堂，微笑是最好的问候；调节气氛，微笑是最好的催化剂；师生互动，微笑又是最直接的、最便捷的沟通方式。用微笑营造和谐课堂，用微笑化解矛盾、搭建桥梁，用微笑激发学习兴趣，用微笑默许，用微笑认可。只要有可能，在教学中，教师

要时刻保持微笑。

3. 微笑促进和谐

"带着微笑进课堂""微笑面对每个学生"理应成为教师（尤其是基础教育领域的教师）的基本要求。不管课前是怎样的心态，走进教室前保证自己把情绪调整到最佳状态，不管学生是否听话，不管学生的学习成绩如何，教师都要喜欢他们、尊重和善待他们。承认学生之间的差异，因材施教，最大限度地开发每一位学生的智力，培养他们的能力，发展他们的个性。

总之，教师要善于利用微笑来武装自己，从某种意义上说，用微笑武装自己，将一切情绪"揉"进微笑之中，用微笑营造和谐，本来就是新的课程理念所倡导的。

好的课堂语言是"炼"出来的

"不是蜜，但可以粘住一切东西。"伟大的文学家高尔基的话，生动地道出了语言的妙处。优美的课堂教学语言常常能使学生如沐春风，获益匪浅。作为教师，需要锤炼自己的教学语言。

好的课堂语言是一本书，一本让师生同味无穷的书。好的课堂语言是一首歌，一首让师生心情愉悦的歌。

苏霍姆林斯基指出："高度的语言修养是合理地利用时间的重要条件。"教育的艺术首先包括说话的艺术，同人心交流的艺术，教师的语言修养在极大程度上决定学生在课堂上脑力劳动的效率。为了提高教学质量，教师要不断提高自身的语言修养，虚心向别人学习，取长补短，长期实践，形成符合教学语言要求的、自己的语言风格。

语言是对话的中介，课堂教学离不开师生之间的对话。优秀教师的"说话"魅力，就在于他能够使所教的知识化深奥为浅显、化抽象为具体、化平淡为神奇，具有较强的准确性、形象性、趣味性等。教学语言是增强教师"教学魅力"的关键一环。

孔子说："工欲善其事，必先利其器。"教师要想讲好课必须讲究课堂教学的语言艺术。课堂教学语言是教师开启学生心灵的门扉，是引导学生开启知识之宫的钥匙。一个有追求的教师，一个优秀的教师，一个渴求教学艺术的教师，没有理由不认真锤炼自己的教学语言。

追寻诗意的课堂

——江苏名师张齐华课堂教学语言艺术赏析

听张齐华老师做观摩课，常令我们一唱三叹，拍案叫绝。开讲时"一语天然万古新"，导入处"未成曲调先有情"，点拨时"巧把金针度与人"，结尾时"能探风雅无穷意"。张齐华老师精彩绝伦的课堂教学，正是源于他拥有着更精彩、更智慧、更诗意的课堂教学语言。无需多言，还是让我们放平心绪，静心品味张齐华老师如诗、如歌、如梦的语言艺术吧！

一、一石激起千层浪——巧引入

[回眸]：张齐华老师执教的"走进圆的世界"片段

师：对于圆，同学们一定不会感到陌生吧？生活中，你们在哪儿见到过圆形？

生：钟面是圆的。

生：轮胎是圆的。

生：有些纽扣也是圆的。

……

师：今天，老师也给大家带来了一些。如果我们从岸边往平静的水面扔进一颗小石子（播放动态的水纹，并配以石子入水的声音），你们会发现什么？

生：（激动地）水纹、水纹、圆……（声音此起彼伏）。

师：其实这样的现象在大自然中随处可见，让我们一起来看看（伴随着优美的音乐，阳光下绽放的向日葵、花丛中五颜六色的鲜花、光折射后形成的美妙光环、用特殊仪器拍摄到的电磁波、雷达波、月球上的环形山等画面——展现在学生的眼前）。从这些现象中，你们找到圆了吗？

生：（惊异地，慨叹地）找到了。

师：有人说，因为有了圆，我们的世界才变得如此美妙而神奇。今天这节课，就让我们一起走进圆的世界，去探寻其中的奥秘，好吗？

生：（激动地）好！

[赏析] 苏霍姆林斯基曾说过："让学生带着一种高涨的激动情绪，从事学习和思考，对目前所展示的真理感到震惊。"张老师的导入，宛若一首优美的散文诗。在老师充满诗情的吟诵中，学生的学习心情也经历了注视—好奇—激动—惊美—高涨这一连串的复杂变化，课堂里弥漫着与生命萌发相通的浓郁的人性气息。在这种融融的人文氛围中，学生似乎已隐约触摸到了"圆"跳动的脉搏，感觉自己正慢慢地融进"圆的世界"里。当听到"有人说，因为有了圆，我们的世界才变得如此美妙而神奇。今天这节课，就让我们一起走进圆的世界，去探寻其中的奥秘，好吗？"这是最普通的句子，表达着最直接的情感，然而它也是对学生"走进圆的世界"最诱人的煽情之语。信手拈来、举重若轻，这也许就是张齐华老师课堂语言的精髓所在吧。

二、腹有诗书气自华——巧夸赞

[回眸]：张齐华老师执教的"走进圆的世界"片段

师：俗话说："不以规矩，不能成方圆"。意思是说，如果没有圆规，是——

生：——画不出圆的。

师：同学们都准备了一把圆规，你们能试着用它在白纸上画出一个圆吗?

生：能。（学生尝试用圆规画圆，交流，明确圆规画圆的基本方法。）

师：可要是真没有了圆规，比如在圆规发明之前，我们就真画不出一个圆了吗?

生：不可能。

师：今天，每个小组还准备了很多其他的材料。你能利用这些材料，试着画出一个圆吗?

生：能。（学生以小组为单位，利用手中的工具和材料画圆。）

……

师：可是，既然不用圆规，我们依然创造出了这么多画圆的方法，那么为什么还会有"不以规矩，不成能方圆"的说法呢?

生：我想，大概是古时候的人们没想到这些方法吧? （生笑）

生：我觉得不是这样，因为，或许一开始，"不以规矩，不能成方圆"指的是没有"规"和"矩"画不出方和圆，但是流传到后来，它的意思已经发生了改变，不再仅仅指原来的意思了，而是指很多事情，必须要讲究规矩，遵循章法。

师：真没想到，一条普通的数学规律，经过千年流传，竟逐渐成为我们生活中一条重要的人生准则。当然，同学们能够利用各自的智慧，成功演绎"不以规矩，仍能成方圆"，足以说明大家不凡的创造力了。

[赏析] 寥寥数语，张齐华老师的学问底色显露无疑。张老师虽然研究数学教学，但他博通经史，思路才能如此开阔，发言才能如此感人，于课堂教学评价之时才能游刃有余。当学生说出了教师意想不到的语言，我们该怎么处理? 我想，尊重是第一位的。要让学生充分地表达自己的观点。千万不能置之不理，或过早地下结论。由此可见，张老师是一位评价高手，于无形之中给予了学生终生难忘的激励。因为张老师懂得：尊重学生就是最好的教育手段，一个不懂得尊重学生的老师，将永远成不了一个好老师。正如法国

作家贝尔纳诺所说："重要的是提高人的价值，也就是说，使他意识到自己的尊严，相信自己的精神的自由。"

三、柳暗花明又一村——巧点拨

[回眸]：张齐华执教的"美丽的轴对称图形"片段

……

生：我认为平行四边形是轴对称图形，因为平行四边形分成两个部分，就可以完全重合了。

生：我认为不是。如果平行四边形沿着对称轴对折不可能重合。

师：我想和你握一次手。握手并不表示赞同你的意见，而是因为你给我们的课堂带来了第二种声音。大家想一想，如果我们的课堂只有一种声音，那会多么单调啊！

师：数学学习讲究深入。就五个图形，我们还有话要说，如第一个梯形是轴对称图形，但是……

……

[赏析] 一次握手，二三妙语，莫不体现出张齐华老师精湛的教学艺术。这段话，不仅是对发言学生的一种欣赏与激励，也表达出张老师对课堂交流多元、多样意识流的尊重，更是张老师所追求的教育理念的自然物化。

四、天光云影共徘徊——巧延伸

[回眸]：张齐华老师执教的"走进圆的世界"片段

师：石子入水后浑然天成的圆形波纹，阳光下肆意绽放的向日葵，天体运行时近似圆形的轨迹，甚至遥远天际悬挂的那轮明月，给予我们的不正是一种微妙的启示吗？至于古老的东方，圆在我们身上遗留下的印痕又何尝不是深刻而广远的呢。有人说，中国人特别重视中秋、除夕佳节；有人说，中国古典文学喜欢以大团圆作结局；有人说，中国人在表达美好祝愿时喜欢用的词汇常常有"圆满""美满"……而所有这些，难道就和我们今天认识的圆没有任何关联吗？那就让我们从现在起，真正走进历史、走进文化、走进民俗、走进圆的美妙世界吧！

[赏析] 诗意，从来没有像这节课这样，以一种开阔、深邃、美丽的形式流淌在数学课堂。

听着听着，突然有一种错觉：张齐华老师不是站在讲台上，甚至不是在

学生中间，而是和学生围坐一圈，闲闲地叙，淡淡地笑——漫谈、吟诵、引领、拓展于恬淡从容的氛围里，教学语言如春风化雨般滋润着学生的心田，教学流程如一幅意含山水的画卷，在诗情画意之中徐徐舒展。有人说，语言是世界上最美的智慧之花。张齐华老师的语言，岂止可赞为智慧之花，简直犹如点点音符，拨动着学生情感的琴弦。

我们在欣赏张齐华老师珠圆玉润、流转自如的教学语言的同时，也应认识到一点：唯有千锤百炼，不断提升和锻造自己，使自身具备深厚的文化底蕴、开阔的文化视野和高深的文化品位，张齐华老师才能置身于"情动而辞发"的"无为"之语言艺术境界吧！

教学语言是教师课堂教学最重要的工具，也是一种创造性的艺术。教学语言艺术就是教师语言艺术。启智诱导的语言，能帮助学生点燃好奇心之火，打开思维的门，在无意识中就跟着教师到达另一种境界；机智巧妙的语言则可以弥合新的教学矛盾、偶发事件、自身失误等，并达到天衣无缝的妙境，甚至在面临"山穷水尽"的关头，也可急中生智地顺水推舟、化险为夷。

对于教学语言的独特魅力，苏霍姆林斯基有过精彩的描述，他说过："在拟订教育性谈话的谈话内容时，你时刻也不能忘记，你施加影响的主要手段是语言，你是通过语言去打动学生的理智与心灵的。然而，语言可以是强有力的、锐利的、火热的，也可以是软弱无力的。"我们在现实中，也有过这样的体会，听一堂好课，就像欣赏一首动听的歌，是一种享受。

著名教育学家夸美纽斯曾说："教师的嘴，就是一个源泉，从那里可以发出知识的溪流。"这句话，隐含了课堂语言的重要性。语言表达是教师最基本也是最重要的职业技能。教师的教学工作，无论是传授文化知识、培养能力技巧，还是启迪学生心灵、陶冶学生情操，都离不开语言。一个教师说话水平的高低、口语能力的强弱直接关系到教育教学工作的成败，也会对学生素质的提高产生潜移默化的影响。

一个很明显的事实是，教师要想让学生"学会说话"，自己就必须首先"学会说话"，锤炼自己的教学语言，让自己的课堂充满生机、充满情趣，是每一个教师义不容辞的责任。教师锤炼自己的教学语言艺术主要应从以下几个方面做起：

1. 把话说"通"

这是指教学语言既要有书面语言的精确，又要有口头语言的明白易懂，

易于被学生所接受。大量的教学实践表明，教学取得成功常常是因为教师能深入浅出地讲清问题，不成功的教学往往是教师不能明白地表达自己的意图，颠三倒四，词不达意，含混不清。教师要做到自己的教学语言通俗易懂，就必须对教材上的书面语言进行加工、改造，这是一个创造性过程，既要渗透教学大纲的要求，又要按照一定的线索和需要调整讲授知识的先后，还要把书面语言转变成学生喜闻乐见的表达形式，从而使学生容易接受和理解。

2. 把话说"活"

世界上没有枯燥的知识，只有枯燥的讲授。形象的教学语言是教学的催化剂，如果教师没有好的口才，语言不生动形象，缺乏艺术性，即使是再生动有趣的内容，也会被讲得索然无味。语言是一门艺术，要掌握这门艺术并使之熟练化并不是一件容易的事。

教师要想把课讲得生动传神、吸引学生，首先要讲究语言的艺术技巧。语言有着不可估量的潜在的能量，艺术地运用语言是师生之间情感沟通的中介。比如，学生回答完教师的提问之后，教师可以用"坐下"或"请坐下"对学生进行指示。前者只是一般的语气，而"请坐下"则包含着教师对学生的人格尊重。一字之差，便会从某种程度上拨动学生的感情，使课堂教学达到融洽、和谐的效果。

再者，要用启发性的语言启迪学生的思维。在课堂教学中，教师要运用启发性的语言，创设问题的情境去点燃学生的好奇之火，去打开学生思维的大门，用艺术性的语言把学生的心点亮。

3. 把话说"准"

所谓"语言的准确性"，是指教师的教学语言必须符合现代汉语的规范和要求，合乎逻辑的表达内容，读音准确无误，没有语病和口头禅，能说比较流利和纯正的标准普通话。

一般来说，学生获取知识的主要途径是教师讲课。从一定程度上来讲，教师的语言水平直接影响着学生的听课效率。比如，一个语文教师在讲课时用词不当，或读错字音，就会引发学生议论，教师的形象在学生心目中就会受到一定程度上的影响。

众所周知，语言是教师传授知识的媒介。所以，语言的准确性是使教学工作得以顺利进行的主要保障。要充分做到教学语言的正确运用，就要求教师必须具有较强的责任感和使命感。课前对所有讲授的内容必须进行认真的

研讨，不清楚的概念、拿不准的读音要查资料、找根据，逐一落实，养成认真求实的习惯。

提高课堂教学语言的准确性，绝不可以把似是而非的问题带进课堂。准确性是教学语言的灵魂，没有"灵魂"的教学语言就没有生命。缺乏科学性的语言，无论用词多么考究、语句多么华美，都会在准确性面前显得苍白无力。

4. 把话说"趣"

兴趣是人们认识某种事物或爱好某种活动的心理倾向，它能激发和引导人们在思想感情和意志上探索事物的底蕴。课堂语言对引起学生的注意，具有关键性的作用，生动有趣的语言才会对学生产生吸引力，调动学生的积极性。幽默、风趣的语言是课堂教学的润滑剂，是调节师生情绪状态所不可缺少的有效方法。

缺少幽默感和教育机智，常会在师生之间筑起无法理解的高墙，增加许多无谓的矛盾。实践证明，富有幽默感和教育机智的教师容易实现对课堂教学的有效控制，更善于缓和工作中的紧张局面，也更能以一种积极、乐观的态度来处理矛盾，从而营造一种良好的教学氛围。

5. 把话说"美"

语言是思想的载体，因而具有形象性。教学语言的形象性是客观物质的实际反映，是教师审美动态、审美情趣、审美理想的产物。它要求教师必须对教材有深刻的感受、理解、想像、体验，才能准确、鲜明、生动地再现教材中的形象，出现心像、音像和视像，使学生沉浸在一种特有的形象感受中，保持愉悦的心情，从而获得良好的教学效果和美感体验。

课堂不能缺少幽默

幽默是课堂教学中一道美丽的风景线。著名教育家斯维洛夫指出："教育家最主要，也是第一位的助手是幽默。"我们可以想象，当一个教师充满朝气、精神焕发地立于讲台上，用幽默作教学的点缀时，课堂教学会何等的轻松和愉悦。

幽默是教师的魅力、活力、能力的重要标志，是教师知识、智慧、灵感、修养在教学中的集中体现，是教师提高自身影响力和创造力的一个重要途径，也是提高教学效果的一种有效的手段。

巧妙地在教学中运用幽默，可以使教师的授课变得风趣诙谐、幽默睿智，也可以使课堂教学熠熠生辉。在教学中运用幽默，可以控制学生的注意力，活跃课堂气氛；也可以巧妙地处理偶发事件，使教学转入正轨。在教学中运用幽默，可以帮助教师抓住教学契机，因势利导、取得良好的教学效果；也可以提高教师的威信，并在潜移默化中濡染学生心灵。幽默艺术作为教学艺术的重要组成部分，可以渗透课堂教学的每一个环节。

从本质上来讲，教学幽默实际上是一种教学机智，是教师娴熟地驾驭教学的一种表现。它以高雅有趣、出人意料、富含高度技巧与艺术的特点在教学中散发着永恒的魅力。美国的乔治·可汗说："当你说再见时，要使他们脸上带着笑容。"幽默式结课常能收到这样的艺术效果，它有时来自教师精心的设定，有时来自教师机智灵活的应变。

总之，幽默为课堂注入了一脉新鲜血液，有了它，课堂如同磁石般富有吸引力，成为学生流连忘返的殿堂；有了它，课堂如同一首和谐明快的歌，旋律流畅，荡气回肠；有了它，课堂如同一幅构思不凡的画，精彩纷呈，美不胜收。

但是，我们也要注意，幽默绝不是轻薄和滑稽逗乐，也不是哗众取宠，更不是低级趣味，幽默具有高雅性。教学活动博大精深，幽默艺术是巧中取胜，起到意想不到的效果，因此需要教师在教学活动中不断总结运用。

幽默——于永正《教海漫记》

一

这节课学的是王鲁彦的名篇《我爱故乡的杨梅》。课文写得清丽细腻，小荣读得活脱传神。其他同学一边看书一边听，人人神情专注，个个沉浸在诗情画意之中。

"细雨如丝，一棵棵杨梅贪婪地吮吸着春天的甘露……端午节过后，杨梅树上挂满了果实。杨梅的形状、颜色和滋味，都非常惹人喜爱……没熟透的杨梅又酸又甜，熟透了就甜津津的，叫人越吃越爱吃……"

课文中的文字变成了有声有色有韵有味的语言，从小荣那清亮甜美的嗓子里发出。同学们仿佛被带进了静谧的果园。

"小建最投入。"小荣读完了，我扫视了一下全班同学，一字一顿、一本正经地说，"他在边看边听的过程中，使劲地咽过两次口水。"

学生们先是一怔，但很快就回过味来，发出一阵咯咯的笑声。

"课文中描写的事物，肯定在他的脑海里变成了一幅幅鲜明生动的画面。我断定，他仿佛看到了那红得几乎发黑的杨梅，仿佛看到了作者大吃又酸又甜的杨梅果的情景，仿佛看到了那诱人的杨梅果正摇摇摆摆地朝他走着，于是才不由地流出了'哈拉子'……"

一阵更响的笑声过后，我郑重其事地接着说："如果读文章能像小建这样，在脑子里'过电影'，把文字'还原'成画面，那就不仅证明你读进去了，而且证明你读懂了。老实说，刚才我都满口水了，只不过没让大家发现罢了。"

学生们又笑。

下课，听课的老师说我很幽默。并说，我把一个重要的读书方法——边读边想像情节，即把抽象的文字"还原"为生动的画面——通过风趣的语言讲出来了，学生不但理解了，而且肯定终生不忘。

我以为，这不是溢美之词。

二

读师范时，教我们数学的程老师就善于把深奥的道理用幽默的方式表达出来。

记得刚学函数时，程老师说："函数呀，其实连三岁的娃娃都懂。你们注意没有？三岁的小孩过马路时都知道向左右看看。当他发现左方来了一辆汽车，他绝对不会做出这样的判断：什么时候我和汽车正好在马路当中相碰，什么时候我才迈开双脚。——这就是一个函数问题。三岁的小孩都明白的问题，对于十七八岁的你们来说，就更是不成问题的问题了。"

一阵轻松的笑声过后，函数的学习的确人人感到容易。

一次，一位上中学的学生向我讨教如何写论文。我给他讲了一个关于疝气的故事：一天，办公室的一位同事说："我的小孩得了疝气，要不要动手术？"一位老师说："要动。我的小孩四岁时得了疝气，做了手术就好了，术后只留下一道很不明显的疤痕。"另一位老师说："我的孩子也做过这种手术，手术很简单，没危险。"第三位老师说："有位老师得了这种病，可是怕动手术，结果连走路快了都不行。几年下来，体质也差了。去年，下决心开了刀。现在一切正常，什么体育活动都能参加，身体也渐渐好了。"听了三位老师的话，那位老师说："明天我就带孩子到医院去做手术。"

故事讲完了，我对学生说："你把四位老师对话整理出来，就是一篇论文，题目是《得了疝气要动手术》。什么论文？如此罢了。你多读几篇论文，读的时候，对照我讲的关于疝气的故事，看看我说得对不对。别小看了这个故事，论文的要素里面都有。"学生听了，手舞足蹈："妙，妙！于老师，不论什么问题，你一说怎么就这么浅显明白了呢？"

我说："'不论'去掉，换个'有些'。上小学时，我不就常对人们说，'用词要准确'吗？"

师生二人开怀大笑。

德国的海因·曼麦说："用幽默的方式说出严肃的真理比直截了当地提出来更能让人接受。"

教学实践充分证明了这确实是真理。

教学中不妨加点"幽默"。适时、适量而又有分寸地"幽"它一"默"，效果绝对不错。

三

学完《翠鸟》的一、二两段，我一看表，离下课还有七分钟。留七分钟学第三段，绰有余裕，因为这一段并非重点。

我发现小庆打了个哈欠，用胳膊碰了一下同桌，在嘀咕什么。

"小庆，"我语调平缓却十分认真地说，"请你去逮一只翠鸟。"

他慢慢腾腾地站起来，茫然地望着我。我又把刚才的话重复了一遍，并加了一句："请你不要推辞。""到哪儿去逮呢？"他可怜巴巴的，很神气的眉毛被皱起的眉头扭曲得变了形。

全班同学面面相觑，神情迷惘。

"你看看书嘛！大家都读第三段，看看到哪儿去逮，看出来以后，告诉小庆。"

还没等别人发言，小庆自己说："翠鸟不好逮。它住在陡峭的石壁上，洞口很小，里面又很深，谁上得去呀！"

我哈哈大笑。他说的，正是第三段的主要内容。他读懂了。当我问他为什么请他去逮翠鸟，他腆然一笑，低声说："刚才我和同学说话了。"

"你有点疲劳了，对不？"我补充说。

同学们听了，立刻发出会心的笑声。

"逮翠鸟这个光荣而艰巨的任务你虽然没完成，却帮助同学读懂了第三段，功不可没！同学们，第三段告诉我们的正是翠鸟的住处。"说完，我转身在黑板上写下了"第三段，翠鸟的住处"这样一句话。

"处"字刚刚收笔，下课铃响了。

这一个幽默的小插曲，使疲劳的学生们为之一振。师生融融乐乐，陶陶然于一堂，顺利地完成了教和学的任务。

四

幽默，绝大多数是临场发挥。在我的课堂上，经常能听到学生们的笑声。

教《在仙台》时，一个学生问："老师，北京的大白菜运到浙江怎么便'尊为胶菜'？您不是说，胶州出的大白菜才叫胶菜，才有名的吗？"

"嗨！冒牌货吗！不然，为什么要'打假'呀！可见，那时就有假冒伪劣商品。"接着是一片笑声。童话课文《小稻秧脱险记》中的杂草被喷雾器大夫用化学除草剂喷洒过后有气无力地说："完了，我们都喘不过气来了。"可是，一位小朋友读杂草说的这句话时，声音很大，既有"力"又有"气"。我开玩笑说："要么你的抗药性强，要么这化学除草剂是假冒伪劣产品。我再给你喷洒一点。"说完，朝他做了个喷洒的动作。全班小朋友哈哈大笑。这位小朋友再读时，耷拉着脑袋，真的有气无力了。我表扬说："你读懂了。"于是笑声又起。

教《狐假虎威》时，一位小朋友把"扯着嗓子"理解为"拉嗓子"。我"啊"了一声说："把嗓子拉长？"说完，用双手做了个拉喉咙的动作。动作作完了，我问："这能受得了吗？"全班小朋友捧腹大笑。我这是运用"归谬法"而产生的风趣。

在讨论"当老虎看到大大小小的野兽撒腿就跑，会怎么想"时，有的小朋友说："哎呀，百兽还真害怕狐狸呢！"有的小朋友说："奇怪，我又没犯错误，老天爷怎么不让我当大王了呢？"我顺势说："是呀，再说又没到退休的年龄！"我引现在的"退休"要领于老虎身上，又引起哄堂大笑。

一次上作文课。学生们正专心致志地写着，忽然张宁宁怒冲冲地带着哭腔报告说："于老师，刘希隆弄了我一脸墨水！"

我一看，白白的脸上溅了好几片蓝墨水，最大的一片有手指甲那么大。两颗晶莹的泪珠挂在她的眼角上，随时等待着主人发出"冲出来"的指令。

希隆解释道："是我拔钢笔帽时溅上去的，我……我不是有意的。"

我明白了。走到宁宁跟前说："这叫'锦上添花'！白净的脸上有了这几朵'花'，就更美了。"

张宁宁破涕为笑。

一句幽默的话，化"干戈"为"玉帛"。

一天早上，小队长崔广徐收作业时，所属队员李朝军、赵从军、张安军都说没带来，崔广徐今天穿了一件崭新的蓝毛衣，口儿开在肩上，上面钉了四个黄色金属扣子。我说："广徐现在了不起了，是大尉！你们看，一道杠四颗星！广徐晋升为大尉了，是'大尉司令'，你们'三军'更得听他的。"

我平时称朝军、从军、安军为"三军"。

"那我们是什么？还是兵吗？""三军"之一的朝军问。他最调皮，最滑稽。

"你们当然还是兵喽！而且是列兵。"

"我们不当劣兵，当好兵！"

"'列兵'是'排列'的'列'，不是'恶劣'的'劣'！"我纠正说，并随手将"列"字写在黑板上。"以后，你们进步了，可以晋升为上等兵、下士、中士、上士。光兵，就有五个等级！你们好好干，慢慢来！"

崔广徐真格儿似的，正儿八经地说："请你们回家拿。如果没做完，中午回家补。"

"三军"听了，吐了吐舌头，乖乖地走了。

从此，"大尉"一直伴随着崔广徐。如今都四十出头的人了。同学们见面

23

仍亲昵地称呼他为"大尉","大尉"的来历成了"百谈不厌"的话题。一句玩笑话，竟使"三军"那么服贴听话，为学生留下那么值得回忆的童年情趣。

读完于老师的《教海漫记》，相信每一个人都会发出会心的笑容，相信每一个人在微笑的同时，也都深深地折服与于老师那诙谐风趣的教学幽默。

"幽默"是什么？你若听见一个人的谈话或是看见一个人作的文章，其中有能使你发出会心微笑的地方，肯定那谈话或文章中含有"幽默"成分。

幽默就是一种与人沟通的能力，是一种运用幽默感来增进你与他人关系的艺术；它可以以善意的微笑代替抱怨，使你的生活更有意义；它可以帮助你减轻人生的各种压力，摆脱困境；它能帮助你战胜烦恼，振奋精神。

生活中少不了幽默。在课堂教学中，同样不能缺少幽默这一组成部分。

美国教学研究家赫修就在《教学艺术》中，把幽默规定为一名优秀教师所必备的品质和能力。教学中的幽默除上述功能外，它也包含特定的教学功能。

苏联教育家斯维特洛夫说："教育最主要的也是第一位的助手，就是幽默。"幽默的语言可以使知识变得浅显易懂；幽默的语言可以使人精神放松，使课堂气氛和谐；幽默感强的教师可以使学生感到和蔼可亲。当幽默营造出一种热烈的气氛时，不但学生乐于听课，而且会发生"共振"效应，教师的水平也能超常发挥，取得极好的效果。为什么相声、小品常听到观众的笑声、掌声，越表演得好，越能淋漓尽致地发挥，道理亦然。

幽默固然有赖于知识的丰富、思维的敏捷、口语的畅达，但重要的是要有融融的爱心、博大的胸怀、乐观的情绪、爽朗的性格。

幽默，即举止言谈有趣而意味深长。幽默中包含情趣、隐藏机智、突显个性。幽默可以缓解人与人之间的紧张关系，可以冰释误会，淡化甚至消除矛盾。在教学中，根据教学内容的需要，以及学生年龄的身心特点，教师可以合理地设计一些幽默诙谐的气氛，激发学生的学习兴趣，让学生能够轻松地学习。教师上课的形式诙谐、幽默，就会使学生兴趣盎然，学习轻松愉悦，令课堂熠熠生辉，课堂教学效果就会事半功倍。

（一）幽默教学功能

1. 和谐师生关系

教学本身不是一种单纯的认知活动，而是在认知的同时交织着情感。认知与情感是课堂教学两条鲜明的线索，贯穿教学始终。情感是将学生、教师、

教学内容联系在一起的纽带。幽默也可以是情感教学的一种手段，可以消除师生间因过于严肃而出现的紧张状况。构建融洽的师生关系，使师生间形成人格平等，共同求索的和谐气氛。

学生与他们喜爱的教师相处，可以在学习过程中形成良好的心境、乐观豁达的气度及积极进取的精神，因而激起其积极的认识、意志等活动，并形成稳定的内部动机，促进学习任务的完成。实践证明，幽默风趣的教师总会使学生形成某种信赖感，这种信赖感赋予教师的教学以潜在的魅力，即所谓"亲其师信其道"，这可以深入学生的心灵中，产生积极的反应。

2. 活跃教学气氛

教学气氛是影响教学艺术效果的一种非理性因素，也是构成课堂教学艺术情境的重要组成部分。在课堂教学中，教师如果一味布道式地分析讲解，就容易使学生的脑神经细胞处于抑制状态，难以兴奋。适当地穿插幽默，能够有效地活跃教学气氛，只有在活跃的课堂气氛中，学生才能积极地参与教学中的思维创造活动，才能与教师共同创造出良好的教学艺术效果。

3. 化解教学矛盾

在日常课堂教学中，会偶然发生一些引起大多数同学注意的、对课堂秩序有较大影响的事件。面对偶发事件，教师切忌急躁冲动，而必须做到幽默机智、超乎常规地加以解决，从而有效地化解教学矛盾。

一位教师在课堂上讲宋朝诗人曾几的《三衢道中》。当讲到"绿阴不减来时路，添得黄鹂四五声"时，班上一位男同学竟学着黄鹂叫了一声。全班同学的目光顿时看向这位男同学。只见这位教师冷静片刻便微微一笑，说："这位同学模仿得还挺像呢，这也许是他受到诗中描写的环境与作者思想感情感染而发出的真实情感吧！可见黄鹂的鸣叫是为了渲染环境，同时我们大家是否也能从这一声'鸣叫'中体味到作者的心情呢？"此时，班级的气氛缓和下来，而且这首诗的重点、难点也轻松地得到了解决。教师的幽默机智，使得处理偶发事件针对性强、策略巧妙、措施得当，课堂气氛丝毫不受影响。

（二）幽默运用技巧

幽默的人必定热爱生活。要学会幽默，就必须关心社会、观察社会，不管是举止谈吐，还是影视、体育、轶闻乃至心理学、哲学等都应广泛涉猎。除此之外，还应熟悉掌握一些幽默的寓言故事、传说、典故。这些形式本身不一定具有幽默的成分，但当与一定的内容、一定的环境、一定的对象联系起来，就会产生乐不可支的幽默效果。下面介绍两种供借鉴。

1. 谐音双关

胡适先生曾在某大学讲学，一开头就分别引用孔子、孟子、孙中山先生的论断，并在黑板上写下："孔说""孟说""孙说"，当要发表自己的看法时，反身又写下"胡说"二字。学生一看"胡说"立刻联想到"胡说八道"，不禁哈哈大笑。双关指在一定的语言环境里，利用一词多义、多词多音或形象相似等有关条件，体现出"言在此而义在彼"的特点，造成耐人寻味的意蕴。

2. 情境联想

枯燥的东西加上恰当的联想，会使学生顿悟，从而印象深刻，甚至永远不忘，如语文教学中许多学生会将"狼藉"一词写成"狼籍"。有位教师这样解释：请看两个字的声旁，一个是"草"，一个是"竹"，狼不去睡软绵绵的草窝，而去睡硬邦邦的竹板，难道不怕将自己的小腰垫坏？

其他还可以采用比喻、夸张、反言、逗引、顶真、插说、曲解、歇后等。当然，教学幽默是为了渲染课堂气氛，变呆板、枯燥的分析解说为风趣、诙谐的启迪智慧，所以切忌油腔滑调、庸俗无聊，更不能讽刺挖苦学生。其实汉语是十分丰富的，其本身就蕴含很多可以幽默的因素。萧伯纳说："真正的笑话，就是我并非说笑话。"林语堂说："幽默愈幽愈默而愈妙。"

总之，教师在教学中恰当灵活地运用教学幽默，会使学生热爱生活，增添学科的艺术魅力，更会陶冶学生情操，培养学生健全的人格和健康的心理，为他们走好人生之路做一个心理上的调适和准备。

课堂教学细节处理是关键

教学细节，是教师教育观念的一种流露，是教学风格的一种表达，是教学功底的一种展现。它看似平常，却在平常中蕴含智慧；它看似简单，却在简单中孕育着深刻。有了教学细节，课堂才会充满思辨与灵性。关注了教学细节，才能演绎出我们精彩的教学课堂。

著名精细化管理专家汪中求先生在《细节决定成败》一书中说过："芸芸众生能做大事的实在太少，多数人的多数情况总还只能做一些具体的事、琐碎的事、单调的事，也许过于平淡，也许鸡毛蒜皮，但这就是工作，是生活，是成就大事的不可缺少的基础。"可见，教育无小事，教学无小事，对教学细节的处理和把握，恰恰暗含走向教学成功的阶梯。

天下难事，必作于易；天下大事，必作于细。关注教学细节，永远对课堂中的"人"充满真切关注和终极关怀，用心倾听，用情去感受，及时捕捉与提炼，把有价值的生成信息纳入自己的预设过程，使之成为课堂亮点，教师的课堂就会百花齐放、绚丽多彩、春意盎然！

不积跬步，无以至千里；不积小流，无以成江海。也许我们无法让一堂课完美无瑕，但可以在一些细节处理方面做到精彩独到和真实有效。让我们捕捉课堂中一个个精彩的细节，用心去打造，使其串成一条美丽的珍珠项链。

捕捉教学细节，构建和谐课堂

——特级教师胡君《掌声》教学片段赏析

语文教材三年级上册《掌声》短文写的是这样的故事：残疾女孩英子内心很自卑，一个偶然的机会让她不得不面对全班同学的目光。想不到的是，同学们给了她鼓励的掌声。掌声从此改变了英子的生活态度，她变成了一个活泼开朗的人，开始"微笑着面对生活"。几年以后，英子在给"我"的来信中说："我永远不会忘记那掌声，因为它使我明白，同学们并没有歧视我。大家的掌声给了我极大的鼓励，使我鼓起勇气微笑着面对生活。"这信的内容正是文章的主旨所在。全国著名特级教师胡君在教学时，善于抓住课堂教

学中的细节，使之成为可贵的课堂教学资源，把本课"主动地关心、鼓励别人，珍惜别人的关心和鼓励"的人文教育目标体现得淋漓尽致。

课件中小英子的来信："我永远不会忘记那掌声，因为它使我明白，同学们并没有歧视我。大家的掌声给了我极大的鼓励，使我鼓起勇气微笑着面对生活。"

师：上中学后，英子来信了，想读的同学请举手？

（老师仔细地看了看全班学生，发现大部分学生都乐意地举起了手，只有一个学生静静地坐在那里，看着老师，一动也不动。）

师：（走近该学生，弯下腰）这位同学，你为什么不举手？

（该学生一声不吭）

师：（亲切地）想读吗？

师：（看到她犹豫的神情，就转而面向全班学生，动情地）同学们，现在她最需要的是……

（还没等老师把话说完，教室里响起了热烈的掌声。这位学生战战兢兢地站起来，一字一句地读完了英子的来信。）

师：（激动地）你读得很好，声音响亮，人要自信啊！同学们，你们的掌声给了她莫大的鼓励，使她鼓起勇气读完了英子的来信。这位同学，你为自己有了勇气，有了自信，也给自己鼓鼓掌吧！

（该学生一边高兴地给自己鼓掌，一边坐了下来，觉得很幸福。）

教学是师生多向、开放和动态的对话、交流过程。教学细节更多的就是在这师生、生生互动的过程中体现出来的。在本课教学中，胡君老师请愿意读信的同学举手，虽然只发现一个学生静坐在教室一角，没有举手，但胡老师并没有忽视她，而且敏锐地意识到这位学生可能与文中的主人公英子有相同的性格特征，于是机智地将这一细节化为可贵的教学资源。胡老师马上提醒全班学生："现在她最需要的是什么？"此时，学生对文本已有了较为深刻的感悟，于是都不约而同地热烈鼓掌。这位学生在大家的帮助下，终于鼓起勇气读完了英子的来信。这掌声给了一开始因为胆小害怕而不敢举手读信的学生莫大的鼓励，这掌声使原本不自信的学生体验到了成功的快乐，这掌声是学生对文本正确感悟、深刻体验的反映，这掌声使本课的人文教育目标体现得淋漓尽致——人都是需要掌声的，尤其是当别人身处困境的时候，不要忘记把自己真诚的掌声献给别人。这掌声使课堂显得那样的和谐

自然。

杨再隋先生说过："忽视细节的教育实践是抽象的、粗疏的、迷茫的实践。"这里，胡老师的敏锐发现，善于捕捉细节，是这一新环节生成的关键；胡老师又能珍视这一教学细节，有效地触动学生的心灵是这一新生成环节成功的保证。

课堂教学细节不仅是一种过程，更是师生生命活动的状态。学生、教师的一句话、一个表情、一个手势、一种动作都有可能传达出丰富的内涵。细节是文化，只要我们敏锐地抓住它，深入地挖掘它，也许就会给我们以深刻的启迪，成为打动人心的魅力所在，成为构建和谐课堂的基点。"过程演绎精彩，细节决定成败"，这是一条朴素而实用的真理，教学活动正是由一个个具体的环节组成的，如果我们把这些"环节"都称为"细节"，那么任何"细节"的不到位，都可能影响活动的进程及最终结果。

从这个角度来看，我们期待着自己的教学在"细节"上做到"洞察秋毫"和"尽善尽美"。

细节的设计与捕捉是智慧的呈现，发现和关注细节，反映教师的睿智和思想；捕捉和利用细节，体现教师的实力和功力。课堂教学中的细节虽然细小，但在课堂教学过程和促进学生发展中却有着举足轻重的功能和价值。因此，教师要关注教学细节，精心打造教学细节，从小事入手，以小见大，进而创造出精彩的课堂。

其实教学细节很简单，也很普通，它可能是学生困难时的帮助、迷茫时的指点、失败时的鼓励、成功时的共享、出错时的包容；是在解读文本、课堂实施过程中表现出的教学智慧，是师生对文本的深度开发、鉴赏玩味……只要教师用心在课堂上，就不难捕捉到精彩的课堂细节，将其打造成独属于自己的亮丽风景。

翻阅一些有影响的特级教师的教学书籍，我们不难从他们的课堂教学中发现一个特点，那就是他们善于用特有的教学机智去捕捉课堂中的每一个教学细节，从"小事"入手，以小见大，见微知著，创造出完美的课堂。

（一）什么是教学细节

所谓"教学细节"是指课堂教学过程中所发生的很细小的环节或情节，或是一个细小的片段，它短小精悍，便于教师钻研和突破。它就是一句话、一个眼神、一次动作、一个表情、一场错误，而表现的却是教学过程的变化、灵动和创造。

1. 教学细节组成教学实践

鲜活的思想源于生动活泼的教育实践，而实践是由若干个教学细节组成的实践。教学细节是外现的教学行为实践的最小单位，是教师在教学过程中围绕教学所发出的一系列连续不断的具体行为，表现为多样的形式和复杂的结构，形成于特定的教学情境中，具有独立的教学价值和意义。

2. 教学细节整合师生行为

一堂课中，教学行为实践很多，但是有效的教学细节很有限，只有处于教学关节点的教学行为实践，才具有推动、激活和延续教学过程的作用，才具有真正的教学意义和价值。它应该是师生行为的组合，是师生教学活动的外现化、具体化和操作化。具体表现为以下三点：其一是教师自身做出的单个行为细节，如有意识的穿戴、表情、动作；其二是教师和学生之间形成的互动、反应和连续的行为细节，如文本的训练点、对话教学；其三是按照教师的要求和指令所做出相应的行为细节。

3. 教学细节凸显人文特征

"情境性"。教学细节决定于教师本身的素质及当时的教学过程和教学情境。面对特定的教学对象，有益的教学过程，形成的心理氛围，教师应审时度势，采取适当的教学行为。

"指示性"。教学细节具有确定性和指向性，教师进行教学时利用关节点，或暗或明地向学生指出应该做什么，不应该做什么，对教学环节巧妙地进行承接和过渡。

"价值性"。教学细节必须为教学服务，为语文课堂教学目标的有机落实而服务。教师在教学过程中敏锐地捕捉细节信息，挖掘和构建细节的意义，实现教学目标，使教学细节有效生成课堂教学价值。

（二）如何处理教学细节

在捕捉教学细节上，反映着教师的睿智和思想。我们对一些教学细节常常是熟视无睹、忽略不计，而优秀教师却以特有的文化底蕴和教学修养，及时地发现与捕捉，有意识地创造与开发，常常把这些教学细节生成为教学活动的亮点，使课堂焕发出新的活力。

1. 善于发现教学细节

杨再隋先生说过："忽视细节的教育实践是抽象的、粗疏的、迷茫的实践。"于永正、支玉恒、王崧舟、靳家彦等教师精湛的课堂教学艺术，无不在教学细节的发现中逐个加以深挖和提升，如《有这么一个小村庄》中的村

子变化、《田忌赛马》中的马序变换、《秋天的怀念》中母亲的辛酸……都在预设着、发现着一个又一个细节。

在教学过程中，对教学细节的敏锐的发现，常常成为教学中巧妙的切入点。一位教师在执教《一个中国孩子的呼声》时，他没有小组合作学习式的热烈讨论，也没有教师或学生长篇的一问一答，更没有精彩纷呈的教学课件，而只是引导学生反复揣摩：默读—思考—想象—朗读。用他那声情并茂的语言、蕴含丰富的眼神，抓住了文中爸爸张着嘴呼唤的"和平！和平！和平！"的句子，让学生带着感情进行反复朗读，引导学生展开联想。激发和点燃学生渴望和平的热情，从而升华了课文表达的情感。当同学读到最后一段"让21世纪那已经能够听到的脚步声为战争敲响丧钟，让明天的世界真正成为充满阳光、鲜花和爱的人类家园！"时，这声音情不自禁、真真切切。

在进行教学设计时，教师只有充分钻研教材，善于发现教材的教学细节，才能激情饱满地引领孩子亲近课文。如果教师自身情感准备不足，难以被美文所陶醉，难以发现教材的教学细节，就进不了课堂，即使进入课堂也难以发挥。

2. 善于把握教学细节

细节是华美乐章的一个音符，细节是鸿篇巨制的一个词语，细节是万顷波涛中的一朵浪花。"一滴水可映出太阳的光辉"，欣赏细节、把控细节，才能使课堂魅力无穷。

有这么一次别开生面的教学研讨活动，靳家彦和李卫东同教《两小儿辩日》课文，他们不仅共同关注着宏观教育理论，而且更关注微观研究，关注着不同的教学细节，但他们所处理的教学切入点是不同的。李卫东老师先用现代文即原文的译文引入文言文，然后再针对这篇文言文的特点配以科学小品文；而靳家彦老师则从文言文入手，用现代文帮助学生大体了解文言文的意思，再用科学小品文来帮助学生大体知道科学的道理。两位教师均达到了发展学生言语，滋养学生心灵，感受文化魅力的效果。

随着新课程改革的逐步深入，将教学理念转化为教学行动，就要将之落实到教育教学的每一个细节中，落实到操作的每一个层面上，包括备课层面、上课层面、辅导层面等都应当充分地把握每一个教学细节。

3. 善于深挖教学细节

深挖细节是对捕捉到的细节，根据教学目标的需要，进行深入的追踪、剖析，使其发挥最大的效应。

李卫东老师的课，当学生回答"我觉得读现代文像吃一个很大的白面包，而读文言文就像吃一个较小的汉堡包"时，这一细节正好突出了文言文、现代文的异同。李老师灵活应变，顺学而导，是这么处理的："也就是说吃着汉堡包，能咀嚼出很香甜的滋味来，是吗？你的见解很独特？但有一点我要纠正一下。你说读现代文像吃大白面包，那是因为你读的是写得不好的现代文，如果你读好的现代文也一样能咀嚼出很香甜的滋味来。"他用自己的教学机智和对教育规律的把握，及时抓住了学生的思维火花，在肯定学生具有独创性的同时，顺势给予正确的引导，让学生知道现代文也不乏经典之作。

（三）教学细节决定课堂成败

关注教学细节是提升教学智慧的必经之路，因为课堂是由无数个教学细节共同组成的。课堂的得失与成败，最终还是决定于课堂教学中每个细节的落实上。

1. 细节体现着教学理念

细节的变化标志着课堂理念与实践的变化。许多教学细节过去并没有引起教师的重视，也没有系统的理论对它们的必要性和规范性进行深入的探讨。但自从新课程教学改革开始，教师对细节的把握逐渐发生了变化，教学细节也开始被当做一个重要的实践环节。新课程改革所倡导的"为了每一个学生的发展"及"以人为本"的基础教育观，延伸着细节的力量，并将其从潜移默化的微妙影响转化为理论和实践相结合的清晰引导。

2. 细节追求着教学新境界

关注细节，就是关注新课程的理念能否落实到位及教学行为能否根据新课程的要求重新塑造；关注细节，就是追求教学的合理化、智慧化、精确化，是具有品位的教学新境界的体现。对教学细节的发现、把握和深挖，是教师教学行为更新的重要标志，对各位教师教学细节的分析、研究是追求完美课堂的需要。我们要从"以人为本"的理念出发，不断探讨习以为常的教学课堂，科学而艺术地捕捉教学细节，改变教学行为，营造和谐而又完美的课堂教学。

课堂评语要说到学生心坎上

课堂教学是教师进行知识传授和教育学生的主要渠道。其中，教师的课堂评价，贯穿课堂教学的始终，它不仅是学生获得反馈信息的重要途径，还是学生学会进行自我评价的主要资源，教师应该提高自己的课堂评价技巧，让课堂评价语言能够说到学生心坎上。

一方面，客观、准确的课堂评语，是学生及时获得反馈信息的重要途径。通过这条途径，学生可以了解自己的学习情况，分析学习中的得失，从而调整学习环节，改进学习方法；同时，课堂评语代表了教师对学生学习的认可程度，反映了教师对学生的情感和态度。肯定的评语能使学生获得心理上的满足，强化他们学习的积极性，而中肯恰当的否定评语，则会使学生认识到自己的不足，从而产生一种紧迫感，使之成为他们学习的动力。

另一方面，学生对学习进行自我评价，是他们学会独立学习的重要标志。学生依据经常获得的外部评价经验，逐步培养起自我评价能力，而教师的评语往往成为他们自我评价的重要依据。所以教师对学生学习给予各种评语，对培养和提高学生的自我评价能力具有重要意义

总之，课堂上教师的评价反馈语言似乎常被人忽视，但学生却在敏锐地、清晰地、热切地捕捉着它、感受着它，因为它已成为学生思维的导航仪、精神的启明星、智慧的助燃剂。教师要综合灵活地运用各种课堂评语，让学生的言语生命从此得到唤醒、滋润和成长！

让课堂评语走进学生的心中

——听特级教师孙双金《走近李白》有感

我曾经看过孙双金老师写的一本书，在书中他是这样阐述教育评价语言的："评价语言在教学上占十分重要的地位，教师评价恰当与否，说小一点，关系到课堂气氛、教学效果；说大一点，关系到学生的终生发展，所以应给予足够的重视。"前几天，我有幸到杭州聆听了孙老师演绎的"演绎激情与本色语文"的经典一课——《走近李白》。写，一撇一捺的认真；读，一腔一调的变化；说，一字一句的投入；唱，一呼一吸的含情。娓娓

阐述，如行云流水；情到深处，却激情澎湃；语言文字变成了神奇的音符，在他的举手投足间从课堂里流露出一首无穷的歌。与孙双金教师近距离的接触，现场领略了师生间的互动交流，让我对课堂教学评语有了更深的理解。

一、鼓励性评语——激励学生学习的号角

来自生活化语言的鼓励，清新悦耳。如读完《打碗碗花》，让学生仿照打碗碗花的句式介绍一种生活中亲眼见过的花儿。如一学生介绍牵牛花："牵牛花从远处看像挂在绿毯上的一只只小喇叭，色彩鲜艳，好看极了；从近处看它的茎又细又长，像一条条的绿线。牵牛花的颜色有红、蓝、紫三种。红得那么耀眼，蓝得那么灿烂，紫得那么鲜艳。"孙老师的评语："你真是我们班里的小作家，观察仔细，描写具体。谁也来当当这样的小作家。"说的学生心花怒放，其他学生不甘示弱，争着发言。类似生活化的评语也是举不胜举："你真像一位出色的推销员。""你真是我们班的播音员。我要向大队辅导员推荐你去当红领巾电视台的播音员。""你真像一位出色的小诗人。""你可获得创意金点子奖。"……听着这一句句鼓励的话语，学生如沐春风，学习的动力骤然剧增。

来自文本的图片、饰品的鼓励，活泼可爱。孩子普遍都喜欢可爱的事物，狗啊，猫啊，花啊，草啊，常常让他们爱不释手。学习过程中老师奖励的这种来自文本的饰品、图片更是让他们像得到宝贝般欣喜万分。如上《富饶的西沙群岛》，课前孙老师做好了各种各样的鱼的画纸：灯笼鱼、小刺鱼、章鱼、飞鱼……上课时，面对可爱的学生，孙老师这样鼓励他："西沙群岛里美丽的刺鱼也要夸奖你呢！"随即就奖励他一条小刺鱼。这样既进一步让学生理解了要学的内容，又激发了他们强烈的学习愿望，真是一举多得。

来自"错误处"的鼓励，增强学生的自信。当学生在课堂上读错字词、做错题目，出现小错误时，学生这时最怕老师的批评。如果此时此刻，我们给学生一个亲切的鼓励，学生在出乎意料之中定会平添几许自信。如果学生读错了字词，我们不妨说："老师还没有教过，你读得这么好了，你听老师教你，奖励你再来读一次。""老师首先表扬你，你比以前胆子大了，声音响亮了。如果课外能多读几遍，你一定会读得更好。"学生在老师春风化雨的滋润下，一定会自信渐增。

二、情感性评语——架起师生情感的桥梁

在评价过程中，孙老师注意融注情感教育，做到心诚意切，对学生高度负责。评价恰当，不但使学生获得精神上的支持，也可获得感情上的满足，孙老师了解学生、观察学生、分析学生，实事求是地肯定学生的优点，让学生品尝到成功的喜悦，激发他们的学习热情，让学生产生莫大兴趣和动力，决不主观片面地随意否定学生。

师："疑是银河落九天"，天上的银河从九天落下来，这是怎样的想象？

生：美妙的想象。

师：这是一双什么样的眼睛啊！只有美妙的眼睛才有这样美妙的发现。

生：非凡的想象。

师：只有非凡的人才有非凡的想象，只有非凡的人才想得到非凡的想象。

生：奇特的想象。

师：只有奇特的人才有奇特的想象。

生：大胆的想象。

师：只有大胆的人才有大胆的想象。

短短的一段评语，不仅是对学生平时努力的肯定，使其产生兴奋的心理状态，同时反映出教师此刻喜悦的心情，其效果也会胜出师生的一次长谈，甚至影响其一生。

三、指导性评语——指导学生学习的良师

在课堂教学中，对于学生反馈的信息，教师要善于扮演"公正法官"的角色，及时给予精辟恰当的"判决"，从而使学生能对自己的学习效果和能力有一个科学的正确评估，并进而明确不足，找出努力的方向。

师：葡萄有那么多的颜色，我们可以用什么词语来形容呢？

（生：有的回答五颜六色，有的回答五光十色。）

师：书上为什么用五光十色呢？五光十色和五颜六色有什么不同？你们能结合这句话说说对这个词语的理解吗？

生1：在太阳光的照耀下，晶莹的葡萄反射着太阳的光芒，闪闪发亮，色彩非常鲜艳。

生2：葡萄有许多水分，在阳光下像宝石一样会闪闪发光，非常漂亮。

生3：下过一场大雨，雨滴落在各种葡萄上，晶莹剔透，真惹人喜爱。

师（小结）：五光十色不仅写出了葡萄的颜色多，还写出了葡萄像珍珠似的会闪闪发光，十分美丽！请你来美美地读读吧！

学生在教师指向明确的指导下，很快找到了最理想的答案。这样不仅使学生准确了解自己的学习状况，知道努力的目标，也会感到一种受到关怀的温暖。

四、启发性评语——开启心灵智慧的鸡汤

一名高素质的教师，他的教学评价应具有强烈的启迪性，善于通过巧妙的教学评价，启动学生的思维，开发他们的智力，吸引他们的注意力，挖掘他们的心理潜力。

师：同学们，在生活中你经过仔细观察发现，哪些事物可以用上五光十色，美丽极了。

生1：爸爸带我去参观海族馆，里面的热带鱼有红的、黄的、蓝的、紫的，五光十色，美丽极了。

生2：海滩上的贝壳有银色的、白色的、淡黄的、粉红的，五光十色，美丽极了。

生3：我们玩的粘粘纸，会发光的那种，有红的、蓝的、绿的、黑的，五光十色，美丽极了。

师：瞧，你们的观察真仔细，只有平时留心观察，待到用时才有取之不尽的丰富的言语内容。

师：现在老师给你们带来了五光十色的葡萄，你们想看吗？

师给学生播放多媒体，学生看得津津有味。（多媒体的呈现要把握最佳时机，能促进学生更深层的理解、感悟，促进学生语文素养的提高。）

师：瞧，你们的观察真仔细。同学们，看到了这么好的葡萄，现在你们有什么话要说呢？

生1：我真想做幸福的新疆人，这样每天我就可以看着葡萄、吃着葡萄，生活过得有滋有味。

生2：这里的葡萄真多啊，真好啊，真甜啊！

生3：五光十色的葡萄一串串地挂在绿叶底下，闪闪烁烁的，像调皮的娃娃在跟我们捉迷藏，真美啊！

生4：新疆葡萄沟真是个好地方，我真喜欢葡萄沟。

师：现在就让我们带着这份喜爱再读读课文。

这一次，学生读得更投入了，仿佛来到了葡萄沟，好像眼前出现了成串成串的五光十色的葡萄。

学生借助文本语言，立足言语实践，创设语境，积累语感，使平时积累的语言能随口而出，发展、丰富了学生的语言；同时，学生在言语实践的训练中得到了感悟，加深了对文本的理解，在品味语言文字之美的同时，使学生更进一步地走进文本，与文本对话，使理解、感悟、积累、运用得到了最完美的组合。

五、调节性评语——调节教学进度的按钮

教师对学生的学习给予的评语，不仅是一种语言的描述，更重要的是对学生学习活动进行的认真分析和评估，既可以使学生深刻认识、记住学习内容，又可以使教师及时调整教学进程，比较客观地把握教学时机，及时改进教法，因材施教，使教学过程始终完善、和谐地进行。

师：庐山瀑布是大自然的神奇造化，这壮丽的美景吸引了多少文人墨客。李白写过《望庐山瀑布》之后，很多诗人自叹不如，再也不敢写庐山瀑布了。可唐朝还有一位诗人叫徐凝，他偏不服气，也写了一首《庐山瀑布》。两人同写一处景色，谁写的更好呢？我们先来看看李白的《望庐山瀑布》。

孙老师这样的调节评语一下子把教学内容引向了指定的目标，一下子激发了学生的学习兴趣。

师：为什么称李白是"诗仙"，因为他的诗充满了神奇的想象，极度的夸张，充满了迷人的浪漫主义色彩。他能想人们不能想，言人们不敢言。他的诗不是写出来的，他的诗是从心中流淌出来的，他的诗是高声吟唱出来的！他就是诗仙！

这里，孙老师做了小结，从容不迫地引领学生走进李白这一板块的教学，不露笔墨，不着痕迹，如行云流水般潇潇洒洒。

孙老师的课堂教学评语，牢牢把握好了一个"度"。评而有据，言之有情，贵在恰当，务求适时。总之，如果教师的课堂评语能成为学生期待的乐于聆听的语言，就能给学生的学习带来丰富的精神食粮，陪伴学生学习的每一天，甚至给学生造成一生的影响。

凡是喜欢看戏的人。都会有这样的感受：一台好戏，它的台词也一定是

生动恰当的。否则戏的思想性再好，也难以吸引观众。教师在教学活动中的语言表达，特别是新课程改革要求教师转变角色之后，就好比演员在舞台上演戏，教师课堂口头评语好比戏里的台词，它是影响教学效果的重要因素。

课堂评语就是教师在课堂上对学生在学习活动中的某个细节的一种语言描述或暗示。对学生的成长影响很大，常常超越教师的期望和意图。尤其是好的课堂教学评语，其效果会超过一次座谈，甚至会终生受益。

多年来，传统的评价大都是围绕着考试评价、作业评价、期中评价、期末评价来进行的。经常忽视课堂上的教学评语，忽视它的育人功能，但是随着素质教育的不断开展和深入，课堂教学评语的地位和作用也变得日益重要。

在课堂教学中，评语如号角，振奋学生的心；评语如春雨，丝丝润心田；评语如和风，拂散孩子愁……心理学研究证明，学生在学习过程中，不仅要进行认识性的学习，而且要进行情感性学习，积极的情感，能增强人的活动，驱使人的积极行动。在教学活动中，评语既是教师对学生学习结果的评价，也是师生的一种情感的交流。因此，在课堂教学中，针对学生的特点，恰当地使用评语，不但对学生的思维起指导作用，而且能引起学生的积极情感，促使学生主动学习。

"教师的语言如钥匙，能打开学生心灵的窗户，如火炬能照亮学生的未来，如种子能深埋在学生的心里。"在课堂教学实践过程中，一线教师应以自己精湛的语言评价艺术，创设教育教学氛围。

新课标指出，评价的根本目的是更好地促进学生的发展，更重视对学生进行多角度、有创意的评价。在课堂上，评价是教师对课堂上学生学习活动做出的反映，是帮助学生调整、控制后继学习行为的一种重要途径。要提高评价的有效性，应做到以下几点：

1. 力求多元评价

①自评与他评相结合。在教学中，针对学生发言的评价采取自评与他评相结合的方法，既增进了学生之间的了解、沟通，也能更好地促进被评价者的自我反思、自我发展。②多种角度相结合。评价不应该局限于学生的知识技能，更应关注学生的情感态度、价值观的发展，促进学生健全人格的形成。③多种方法相结合。新课程理念下的课堂是一个动态生成的过程，学生的思维活跃开放，面对学生难以预料的发言，在评价时，要把语言评价、非语言

评价穿插结合，这样效果更好。

2. 评价要准确得体

课堂是学生展示自我的舞台，而为了让学生能放松学习、自然表达，不少教师在教学实践中，对于学生说得正确与否，也没有实事求是地加以指出，学生说得好不好，也只是含糊其辞，避而不谈。这样就不利于学生及时获得教师对自己行为的反馈信息，更谈不上根据教师的评价来调整自己的行为。因此，教师的评价首先应该力求准确具体。

3. 评价要给学生以激励

课堂上有时学生因"疑"而思维受阻，此时教师应该抓住关键处给予点拨，使"疑"在启发中解开，在引导中释然；有时学生的理解感悟不到位或有偏差，教师不应该把自己正确的观点强加给学生，而应该努力用艺术性语言给予引导，使学生消除压力，坦然接受。

4. 评价要客观、真诚

余文森教授认为："一味的表扬，正如一味惩罚一样，并不可取。"那种不切实际、随意的评价不仅不能对学生产生积极的引导，反而会促使学生形成随意应付的态度。课堂教学中，评价时要尊重学生，一定要客观、真诚，表扬就是表扬，批评就是批评，要给予学生正确的引导。

作为教师，在课堂教学中，要理性地对待学生的各种表现，巧妙恰当地运用理性的评价，以唤醒学生沉睡的潜能，激活封存的记忆，让课堂跨越时空，与心灵共舞，在心灵的碰撞中焕发出生命的活力。

课堂提问要问到点子上

如果我们已经打破了传统的观念，认为课堂教学不再是教师单方面向学生传授知识的过程，而是师生一起在知识的隧道中共同探索的过程，那么，我们就不能否认教师提问在这个探索中的价值。

问题是知识的温床，是思想的故乡。有了问题，思维才有方向；有了问题，思维才有动力；有了问题，思维才有创新。人们经验的获取，能力的进步，正是在一个个问题的解决中，从梦想变成了现实。爱因斯坦曾经说过："提出问题比解决问题更为重要。"问题，是人类进步的基石。

在现实的课堂教学实践中，一个经过精心设计、有价值的提问，往往能拨动全班学生的思维之弦，奏出耐人寻味、波澜起伏的动人之曲。

课堂提问是教学的一个法宝。它是学生学习的阶梯、进步的桥梁、觉悟的契机。实践证明，恰到好处的提问，可以集中学生的注意，揭示学生认知过程中的矛盾，引起学生的求知欲，激发学生积极思考，有助于学生加深对所学知识的理解与把握，也有助于培养学生发现问题与解决问题的能力，更有助于提高学生的发散思维和创新能力。

陶行知先生说过："发明千千万，起点是一问。禽兽不如人，过在不会问。智者问得巧，愚者问得笨。"在教学中，我们的教师应该锻炼和掌握"善问、巧问、妙问"的技巧，让自己的提问给学生的思维指明前进的方向，为学生的成长树一座风雨航程中的灯塔！

论钱梦龙老师的课堂提问艺术

对于钱梦龙老师的"三主"导读理论，历来是争论不休的，但是对于钱老师"四式"教学实践，语文教育界却是一片颂扬之声。钱氏导读法的技巧出色地表现在他的设问上。这种从思维侧翼寻找思维切入口的'曲问'，不仅使学生迂回地找到了答案，而且锻炼了他们的思维，提升了整个教学过程的品质。这样的曲问在钱梦龙的课堂中比比皆是，他的教学之所以成为经典，

就在于问得经典。强烈的问题意识、发问技巧和务实的教材处理方式所体现的教学思想乃是钱氏语文教学的精华。以下，我们以钱老师的某些课堂教学实录为例，加以具体分析。

一、活跃气氛，拉近距离，"闲问"激发学习兴趣

20 世纪 90 年代之后，大量出现借班上课的现象，"借班上课"就成了钱老师的家常便饭。临时组合，匆匆上阵，师生之间缺乏磨合了解，难免彼此紧张。然而，钱老师却深通教艺，就地取材的"闲问"，三五分钟便消除了师生隔阂。钱老师上课是很讲究"凤头""猪肚""豹尾"的。我们来采撷一朵"凤头"雕刻的浪花。

一次，钱老师应邀到某地上观摩课，听课者多达数千人，剧场充当教室，舞台变成讲台。强烈的剧务灯一打，钱老师扫视前台，学生一个个正襟危坐，目不斜视，极力掩饰内心的慌乱，铃声一响，课堂开始了。

师：在这样的大舞台上课，你们大概是第一次吧？

（一些学生点头）

师：台下坐满了"观众"，台上是我们的活动天地，请大家观察一下这个场面，看一看有点像什么？

（学生开始"东张西望"，改变了正襟危坐的姿势，有的在小声说出自己观察的结果：像演戏。）

师：我看有点像演戏，那么，演这台戏的主角是谁？

（一个学生在座位上说："当然是您！"教室里有了轻轻的笑声。）

师：我可并不是这样想的，你们猜我是怎么想的？看谁猜得准。

生：您大概认为我们是主角，因为这台戏演得好不好，要看我们发挥得怎么样。

"闲问"看似与课堂教学内容无关，实际却可以活跃课堂气氛，拉近师生距离。曾有人问钱老师："你现在常借班上课，你用什么办法让素不相识的学生活跃起来呢？"他的回答耐人寻味："我主要的工作是通过谈话培养师生感情，必要的时候还讲讲笑话，逗孩子们笑一阵，以消除他们的紧张心理。'你们千万不要紧张啊！'这种话绝对不要讲，越讲越紧张。"

其实，不仅仅是"借班上课"，语文教师平时上课也是需要讲究导入技

巧的,"闲问"不失为一种易学适用的导入技巧。

二、高屋建瓴,层层推进,"追问"紧抓文章关键

钱老师在论及导读法教学提问技巧时曾经说过:"每堂教读课,教师要根据学生自读中的所惑之处,精心设计问题,或以一个大问题领起诸多小问题,或按教读顺序层层设问。问题提得好,犹如一颗石子投向平静的水面,能激起学生思维的浪花。"

以大问题领起诸多小问题,采用"追问"方式逐一解决,这是钱老师善抓主要矛盾,"多线并进",波浪推进式教学思想的又一重要体现。以下是《愚公移山》中关键处的精彩追问:

师:这篇文章共写了几个人?我们先来把他们列出来,大家一起说,我来写,好不好?

(学生们纷纷提出,黑板上最后出现了一个人物表,愚公、其妻、其子孙、遗男、智叟。)

师:我们先来熟悉一下这个人物表。大家说说看,愚公有多大年纪了?

(学生纷纷答,有人说"九十岁",有人说"九十不到"。)

师:到底是九十,还是九十不到?

生:(齐声)不到。

师:不到?从哪里知道?

生:"年且九十",有个"且"字。

这一段的导读提问教学中,由课文的人物表入手体现了钱老师务实的教材处理方式,抓住了文章入门的关键,而对于愚公年纪的三次追问,则体现了钱老师在揣摩学生心理,把握提问节奏方面的深厚功力。无独有偶,美国学者弗兰德斯对于提问的操作,也是"先要求学生用自己的话解释他所表达的意思,再一个是问学生的想法是从哪里来的,根据是什么,这个根据是否可靠。"一堂公开课,竟然与国外的教育理论有颇多相通之处。这也从侧面反映了课堂实践中得出的教学经验,较之纯理论的空洞研究,更具有普遍性和实用性。

三、一波三折，匠心独运，"曲问"提升思维能力

钱老师曾经专门撰文讨论过"曲问"的艺术。曲问，可能也是钱氏导读教学课堂提问艺术的最大亮点，也是众多一线教师苦心揣摩、竞相模仿的一个关键点。《愚公移山》公开课上有关"孀妻""遗男"的著名曲问，令所有看过该教学实录的教育工作者眼前一亮，叹为观止。典藏精华，重温经典：

师：……那么，这个年纪小小的孩子跟愚公一起去移山，他爸爸肯让他去吗？

（生一时不能回答，稍一思索，七嘴八舌地说："他没有爸爸！"）

师：你们怎么知道？

生：他是"寡妇"的儿子。孀妻就是寡妇。

师：对！遗男是什么意思？

生：（齐声）孤儿。

师：对了！这个孩子爸爸去逝了，只有妈妈。

也许众多一线教师讲授文言文时，"字字落实，句句清楚"。对于"孀妻""遗男"，亦不过照本宣科，注音释义。然而，换一个新颖的角度，"拐弯抹角"的迂回侧击，却让人不由得叹服，原来语文课，还可以这样上，尤其要提出的一点：传统语文教学，留下了诸多宝贵经验，然而也有一个明显缺陷——重读轻思，忽视了对学生独立思考问题能力的训练。

"文似看山不喜平"，上课何尝不是如此。钱老师曾总结说："要让学生'多思'，老师怎么启发也至关重要。例如提问，同样一个问题，就有直问和'曲问'的区别。直问者，问得过于老实，直来直去，启发性不强；'曲问'者，活问也，问题多拐个弯，学生要多动一下脑筋才能作答，因而能活跃学生的思维。"

知行合一，身体力行。钱老师留下的众多经典，为我们成为教学能手提供了颇具启发意义的参照范本。

古人云："学起于思，思源于疑"。学生的思维活动是在发现问题，解决问题中得到发展的，教师应善于利用课堂提问这一教学形式，为学生的求知过程提供可以依靠的"拐杖"，让学生在答疑解惑的过程中激活自己的思维，

享受求知的乐趣。

课堂提问是一堂课的灵魂，是通向知识殿堂的"曲径"。好的提问本身就孕育着知识的萌芽，是知识诞生的"温床"，是思想产生的"故乡"，好的教师不仅要教给学生已有的知识，也要教给学生"质疑一切的勇气和精神"。因为，质疑是不满的表现，而不满恰恰是前进的起点。

提问还有一个善不善于问的问题，《学记》中说得好："善待问者如撞钟，叩之以小者则小鸣，叩之以大者则大鸣，待其从容，然后尽其声。"这就是说，提问是很有讲究的，对接受能力强的学生，教师只敲小锤，轻轻点拨；对接受能力差的学生，就要敲大锤，重重提醒。对学习优异的学生，提问要偏难一点；对学习落后的学生，提问要容易一点，否则他们将丧失答问的信心。此外，"敲钟"要从容地"敲"，它的声音才能悠扬悦耳；提问要慢慢诱导，才能引起学生积极思索；提问要从整体出发，系统设计、围绕重点，不枝不蔓地提问；提问要探明学生的疑点难点，问到关键处；提问贵在启发，切中学生"愤""悱"之机，不落俗套。

教学是一项艺术，提问更是艺术中的艺术。什么都没说，什么都说了，没有告诉学生任何特定的知识，学生自己却得到了无限的思维的快乐，也许，提问的魅力，就在于此吧！

课堂提问是课堂教学艺术的组成部分，也是教学反馈的重要手段。好的提问能起到"一石激起千层浪"之效，能激发学生思维和学生的学习兴趣。在教学中一定要重视课堂提问，掌握课堂提问的技巧，自然而然地成为提高教学质量的有效途径。那么，如何把握课堂提问的技巧呢？

1. 问题要目的明确、难度适中

教师应根据每堂课的教学目的、任务提出不同类型的问题，安排好提问顺序。所提问题应该为课堂教学内容服务，每一次提问都应有助于启发学生思维，有助于学生对新知识的理解，有助于对旧知识的回顾，有利于实现课堂教学目标。

教师设置的问题难度要适中，既不能设置太容易，学生不用过多思考就能回答出来，也不能设置太难，使学生百思不得其解。因此，要"让学生跳起来就能摘到苹果"，即让学生在思考、努力、交流合作的基本上解决问题。

学生通过自己的努力，把问题解决，可以激发他们探究、解决问题的积极性，特别是对一些后进生，更应该提问一些比较简单的问题，以增强他们学习的信心，这比学会知识更重要。再逐步培养他们解决疑难问题的能力，学生就会相信，只要自己努力，不仅能够解决疑难问题，而且会变成一个优秀生。

2. 提问有启发性，激起学生探究的兴趣

富有启发性的提问是激励学生积极思维的信号。启发性提问能激起学生强烈的学习兴趣和动机，引起学生探究知识本质的愿望，促进学生思维，激发学生寻找正确答案的积极性；启发性提问能促进学生积极思考，发展学生的创新思维，使学生在掌握知识的同时发展智力，培养能力。

3. 提问时机要恰当，不宜繁而多

一般来讲，教师提问有课前复习提问、导入新课的提问、课间引导启发学生思考的提问和课后总结性提问。虽然一节课中提问次数并不确定，但要把握好提问时机，不宜过多，何时提问，提问什么内容，一般课前应设计好，提问要问到关键处，问到点子上，问出水平来。当学生们在听课中流露出迷惘神情时，教师应及时提问，便于发现问题，采取果断措施。一节课中，不可刻意营造活跃的课堂气氛，一味地问个不停，使课堂教学变成提问式教学，其效果必将适得其反。

带着激情去教书

18 世纪杰出的法国启蒙思想家卢梭在《爱弥尔》一书中说："教学的艺术是使学生喜欢你的东西。"确实这样，现实中的教师的确要掌握一些能够激活学生的绝招，而富有激情的教学就是一着高招。

一般来说，教师的课堂教学存在三种境界。第一种境界是教知识，题海战，反复练；第二种境界是教方法，这就比较高明了；第三种境界是教心态，无疑，这是最高的境界。

那么，什么样的心态才是教师应该拥有的呢？

激情是一种工作和生活的状态，一个人拥有这种状态，想不成功都难。

据说，马克思称希腊神话中盗火英雄普罗米修斯为"哲学日历中最高尚的圣道者和殉道者"。教师何不自诩为现代普罗米修斯，手持教学激情的火把，点燃学生求知欲的熊熊大火！

走上《百家讲坛》的中学教师

——记纪连海老师

《百家讲坛》作为学者的"开放式大学"，已经成功塑造了多位明星学者。然而，在众多学者中，让人印象深刻的是北京师范大学第二附属中学的历史老师——纪连海。

一、"历史的江湖"唯一的大侠

在百度贴吧和自己的论坛中，纪连海老师为自己取名为"历史的江湖"，这也是纪连海老师博客的主题。

"为什么喜欢用这个名字？""历史——我是学历史的；江湖——在我心目中，江湖是正义的，'人在江湖，身不由己'"。

"现在事情多了以后，我不能保证每天回家上网浏览，但是一般我会抽空上网看看，关注一下别人在说什么。如果时间宽裕，我也会回复或者留言"。

什么是江湖？有人的地方就是江湖。而纪连海老师，虽然是一名普通的历史老师，却无疑是这片江湖中唯一的大侠。

二、《百家讲坛》中唯一的中学教师

若论纪连海老师最有特色的"气质"，激情万不可忽略，不管是讲多尔衮时的痛心疾首，还是讲袁崇焕时的泪流满面，激情总是其制胜法宝。"我是一个特别容易动感情的人，高兴或者生气都会控制不住自己。"纪连海边伸出右手边对记者说，"就比如我们现在聊天，如果聊到激动的时候，我这手就会抖，嗓子也会有哽咽的感觉。"

"讲座之前在准备相关材料时，我就感觉十分压抑，最后在写稿时还要加上自己的分析，到了定稿的时候，我已经感到非常痛苦。我当时已经觉得自己就是袁崇焕，那种委屈无奈让我万箭穿心。"纪连海老师的声音一下低了很多，右手开始微微发颤。看得出，当时影响他的情绪还没有消退，直至今天依然将他感动着。"上电视的前一天晚上，我一边和我爱人遛狗一边给她试讲，结果讲了半截，我就讲不下去了。我的心里特别难受，我担心要是那天讲完了，第二天就控制不住了，所以无论如何都不肯再讲下去了。"

"第二天早上，我太太开车送我的时候，她让我再看看稿子，我说不能看了，我觉得心里别扭。到了电视台，我立刻找到编导对他说，今天讲袁崇焕，我的情绪有点不对，可能会控制不住，也许进入故事太投入，出不来了。我还特意嘱咐编导把化妆室的门开着，可能中途需要从演播室出来休息。"

其实后来播出的时候，编导已经把纪连海最动情的镜头删减掉了。电视观众可能只是看到了当场观众在流泪，而他的声音有点声嘶力竭，实际上当时纪连海已经控制不住自己了，当场落泪。

三、教学是我的事业而非职业

受到媒体关注以来，纪连海老师已经接受了无数次的采访。尽管每次采访内容不尽相同，但是有一句话，他每次都会提到："我把中学历史教师当做一项事业，而不是一个职业。"的确，在采访中，我自始至终都能感受到纪老师深深地热爱着他的事业，热爱着他的学生。

纪老师上的课除了其惯有的"激情万丈"，另外一个特点就是特别有感情。他说："我一直说历史两本书：一本《史记》，一本《汉书》。两本都有《项

羽列传》。我们同时看的时候，你肯定会喜欢《史记》，因为《史记》写得让人感到心潮澎湃。我在想，司马迁在写《史记》的时候，已经把他所有的感情融入进去，这是他用心写的史书。"

史学界一直有"班马之争"——班固和司马迁孰优孰劣，一直是大家争论的焦点。班固以史实翔实占优，而司马迁则以感情取胜。纪连海无疑更倾向于司马迁，他认为《史记》中充满了感情，这可以让人们在了解史实之外，得到更多的东西。每次他读完一个人物，都会有很多感受。作为一名历史老师，他认为向学生传授的不应该仅仅是历史知识，毕竟知识是很容易就能获得的，更重要的是应该传达一种情感，任何东西都不能替代的情感。

从案例中我们可以很明显地感觉出来，纪连海是一个充满激情的教师，他的教学艺术和教学智慧的核心就是激情。也许，对于他的教学，仅仅通过这个案例，其他的技巧层面的东西我们无从得知，但很明显，仅仅是激情，已经足以使他的课堂成为学生学习的天堂。

不少教育家在谈到课堂教学艺术时总会提到激情，富有激情的课堂能激起学生渴求知识、努力学习的激情，调动学生探究问题的主动性和积极性，激发学生的想象思维，拓宽学生的思路，帮助学生更好地掌握知识。

在课堂中，我们面对的是一个个鲜活的生命，他们不是等待着被填入知识的容器。在课堂上，教师有了激情，才会神采焕发，才能感染学生，激发学生，使学生兴趣盎然地投入学习。

没有了激情的课堂，如同池中抽干了水；没有了激情的课堂，任你教师用再华美的语言，再动听的语调上课，也不会打动学生的心灵，震撼学生的灵魂；没有了激情的课堂，任你教师用再先进的教学手段，也只是徒具其形，苍白无力。

一堂成功的课，离不开激情。教师充满激情对待教育教学工作，学生才能充满激情上课，学生和教师的激情融合到一起，在交流的过程中，学生学得会更快乐，老师教得也会更开心。

有激情的课堂教学是奔放的、有吸引力的。苏霍姆林斯基曾说："有激情的课堂教学，能使学生带着一种高涨的情绪从事学习和思考。"高效的课堂需要师生焕发生命的激情，因为只有激情才能激发激情，才能点燃心灵的圣火，拨动生命的琴弦。赞可夫曾说："智力活动是在情绪高涨的气氛中进

行的。"因此，激情的课堂更需要教师拥有一颗充满激情的心。

每一位教育工作者都非常清楚这样一个道理：就教育事业而言，教师只有用自己旺盛的生命之火，才能点燃学生那旺盛的生命之火；教师只有以自己充沛的生命激情，才能唤醒学生那充沛的生命激情；教师只有以自己远大的生命理想，才能培植出学生那远大而辉煌的生命理想！

正是从这个角度而论，一位对自己的教育事业拥有一颗虔诚、执著之心和充沛的生命激情的教师，才能营造富有创造性和生命感染力的课堂。

1. 教师的激情来自自身素质的提升

要做到这一点，就得让读书成为我们生活的"必需品"。"腹有诗书气自华"，如果一个教师在课堂上往往出口成章、词藻丰富、旁征博引、妙语连珠、收放自如，那么这样的课堂不管是预设也好，生成也罢，无疑会是一堂好课。但现状是，大多数教师很少有时间读课外书。烦琐的教学内容分析、照本宣科的教学方式，已经越来越不为学生所接受，这样的教师学生不喜欢，这样的课学生更不会感兴趣。所以，教师应该想方设法找时间读书，让书籍成为教师的精神伴侣。只有这样，才能让课堂变成自己的舞台，在自己的旁征博引下学生自然也会激情万千。

2. 教师的激情来自对学生无私的爱

很多教师常常感叹年级越高，课堂气氛越沉闷，为什么呢？那是因为学生的心里缺少激情，学生的教师缺少激情。又因为有些教师对有些学生不甚喜欢，以至于让挑剔、指责、批评占据了学生的大半个心灵，令学生恐惧了学习。在教师的眼里，每位学生都应该是鲜活灵动、隐藏发展潜力的生命体。热爱一个学生就等于塑造一个学生，而厌弃一个学生无异于毁坏一个学生。教师要认真对待每一位学生，更要容纳他们的缺点和错误。为了学生的发展，教师对学生所做的每一项工作，处理的每一个细节，都应是积极有意义的。以这样的情怀来看待学生，才会激起自己强烈的责任心，进而对学生倾注无私的爱，当然也会激起学生学习的激情。事实表明，责备往往扼杀了学生的天性；赏识能使学生的潜能得到发挥。不是聪明的学生常受表扬，而是表扬使孩子更聪明，更富有想象力、创造力，更富有激情。

3. 教师的激情来自自身的"情"

面山，则情满于山；面海，则情溢于海。用"情"激出一泓清泉，激出对善的真诚赞美，对恶的深恶痛绝；激出人生的喜怒哀乐，阴晴冷暖；激出对未来的憧憬，对理想的向往；激出对高尚的敬佩，对弱小的同情，对生活

的热爱。

4. 教师的激情来自享受成功的乐趣

心理学研究表明，一个人只要体验过一次成功的喜悦，就会激发他一百次成功的欲望。教师在工作中也是如此，面对所取得的成就谁不想再次获得？

5. 教师的激情来自对教育理想的追求

理想是人的精神支撑、前进的动力，没有理想，人就会变得精神萎靡。不成功的教师往往缺乏教育理想，没有对教育更高的追求，教师一旦树立了教育理想的风帆，就会把整个身心投入教育教学中，始终以"不达目的，绝不罢休"的理念驱动自己。每个目标的实现，都会激发教师倾注更大的热情，追求更高的理想。

课堂需要激情，因为课堂是一个需要用激情吹皱的一池春水，它是流动的、活泼的；学生需要激情，因为只有激情才能激发激情，才能点燃心灵的圣火，拨动生命的琴弦；教师需要激情，因为只有激情才会有创造，只有激情才能使漫漫教海永远具有探究的魅力。

让我们的教师充满激情，让我们的课堂充满激情，更让我们的学生充满激情！

让课堂活起来

苏霍姆林斯基曾说："让我们的学生每一节课都享受到热烈沸腾的多姿多彩的精神生活。"涤荡过去课堂沉闷的气氛，让课堂焕发出生机和活力，是学生身心舒展，享受教育的幸福和快乐的关键，也是教师身心舒展，享受职业幸福和快乐的关键。

在新课程理念的"指引"下，我们认识到，课堂不是一个单纯传授知识的场所，而是一个师生交流、生生交流，通过交流促进彼此生命完善的场所。这样的场所，一定是一个洋溢着生命气息，充满生命活力的场所，一个欢腾热闹的场所，一个畅所欲言、彰显个性的场所。

而这一切，归结为一点，就是一个活跃的课堂，一个充满生机和活力的课堂，一个打破了"知识、教材、教师"中心，实践了"以生为本"的理念的课堂。

课堂活起来，教师也就"活起来"。在充满活力的课堂上，教师绝不再是一个传统意义上的"知识传授者"，不是一个"教育机器上的螺丝钉"，而是一个思想得到丰盈、情感得到充沛、个性得到彰显、言说得到表达的自由个体，这是教师享受职业幸福的最佳体现。

课堂活起来，学生也就"活起来"。在充满活力的课堂上，学生不需要再做一个正襟危坐、唯唯诺诺的"乖孩子"，而是一个头脑、双手、眼睛、嘴巴都得到解放，能思、能干、能看、能谈的，在自由和快乐中走向明天的幸福天使！

是的，每一个学生都是天使，教师要不断地积累自己的教学智慧，让课堂活起来，成为每一个学生的天堂。而在天堂里，教师也必定是幸福的！

以丰富的朗读活动让课堂"活"起来

——余映朝老师课堂教学艺术之我见

作为荆州市的教研员，余映朝老师一直坚持上示范课，坚持送教下乡。我们有幸多次欣赏到他精湛的课堂教学艺术，余老师以他厚实的语言功底、丰富的积累、大胆的创新，为我们演绎了一场场别具个性又极具大众化的教

学尝试，使我们真正认识到了语文教学的"诵读、品析、运用、积累"四要素，语文阅读教学设计的"目标明确、课型新颖、思路清晰、提问精粹、品读细腻、活动充分、评点精美、积累丰富"32字口诀，特别是使我们进一步明确了余老师一贯主张的"课堂教学的高层次境界是学生活动充分"，正是这丰富的活动让余老师的每一节课都充满了灵动的活力，让学生的思维都飞扬了起来。

作为一名语文教研员，余老师一直主张语文书是用来读的，真正的语文课堂必须有朗朗的书声，因此在他的课堂上就有多种形式的朗读活动。既有余老师的示范朗读，又有学生的学读、析读、品读、评读、听读、演读、写读。

比如，在《天上的街市》这一节课上，余老师在引入新课后，就是这样设计教读活动的：

第一步，读节奏，表现出诗歌的音乐美，告诉学生第一要素是把节奏读好。老师范读第一段并指出，"诗句中按音节或意义有规律的短暂停顿叫做节奏"。

第二步，读停顿。节奏读好之后，读好诗中较大的停顿，如"我想""不信""你看"等。老师范读并指出，"为了突出语意或情感而作的较大的朗读间歇叫做停顿"。然后请女声齐读全诗。要求读好诗歌中的停顿。

第三步，读重音。老师范读第二段并说明，"诗是抒情味最浓的一种文学体裁，必须读得抑扬顿挫，就是要把重音读出来，为了表达思想感情，有些词语的'音'要读碍'重'一些，这就是重音"。然后全班齐读第二段。

第四步，读韵脚。老师先说明，"诗歌是讲究押韵的，什么是押韵？诗句中用韵母相同或者相近的字结尾，就叫做押韵。本诗隔行押韵，每节换韵。"然后全班齐读第一段。

在这节课的第二大板块（第一大板块是引入新课），余老师用10分钟的时间完成了朗读的教学。实际上，通过这四步朗读教学，学生已经体会到了这首诗歌的音乐美：每节四行，行数相等；偶句押韵，四句换韵；每句字数大体相等；每句三四顿，顿数大致相同。由于余老师点拨得当，学生在朗读时朗朗上口，读得和谐优美、悦耳动听。

　　这是诗歌的朗读教学，而在执教散文名篇茅盾的《白杨礼赞》时，余老师更是把他的朗读教学艺术发挥得淋漓尽致。

　　通过朗读，学生的学习热情和兴趣被充分地调动起来，整个课堂，由于有了学生的充分参与，洋溢着一股灵动和活跃的气氛，在这样的氛围中，师生的身心和个性都得到了极大的舒展。在放松和舒展中，师生体现着"教学相长"的快乐！

　　课堂是师生互动、心灵对话的舞台，是师生共同创造奇迹的天空；课堂是向在场的每一颗心灵都敞开温情双手的怀抱，是点燃学生智慧的火把。在教学过程中，教师如果采取照本宣科、生搬硬套的方式，会使课堂沉闷而缺乏活力。因此，需要让学生在充满活力的课堂中不知不觉地提高自己。

　　让学生"动"起来，让课堂"活"起来，是每一位教师需要学会的事情，只有学生"动"起来，课堂"活"起来，学生的个性才能得到彰显、主体才能得到真正的尊重、言说才能得到最充分的表达、综合素质才能得到最全面的发展和完善。

　　教育家吕叔湘先生曾语重心长地说："成功的教师之所以成功，是因为他把课教活了。如果说一种教学法是一把钥匙，那么，在各种教学法之上有一把总钥匙，它的名字就叫'活'。"

　　回头看案例中余映朝老师的课堂教学，他以丰富的朗读活动来激起学生课堂参与的热情和兴趣的做法给了我们极大的启示：原来课堂还可以这样充满灵动和活力，原来在课堂上，教师和学生还可以这样放松和舒展。在余老师的课堂上，无论是"读节奏"，还是"读停顿"，又或者是"读重音"，其终极目的都是一样的，那就是让学生动起来，让课堂活起来，让学生在"动起来"的状态中，在"活起来"的氛围中，身心得到舒展，情感得到熏陶，智能得到锻炼，综合素质得到提高。为了学生的全面发展，余老师真可谓是"煞费苦心"。

　　请闭上眼睛感受吧！我们可以感受得到，在余老师这样的充满活力和灵动的课堂上，有"云光侵履迹，山翠拂人衣"的和谐，也有"随风潜入夜，润物细无声"的默契；有"正是江南好风景，落花时节又逢君"的体验；

有"不知细叶谁裁出，二月春风似剪刀"的呵护；有"年年岁岁花相似，岁岁年年人不同"的警醒；有"长风破浪会有时，直挂云帆济沧海"的激励……

这种课堂是引起师生情感共振的纽带，这种课堂也是敞开温情双手的怀抱，这种课堂更是点燃学生智慧的火把，让师生在激情飞扬中，享受生命因教育得到提升的幸福。

在现实的教学实践中，让学生动起来，课堂活起来，是一门重要的学问，需要教师在教学实践中进行长期的摸索和锻炼，一般来讲，要让沉闷的课堂活跃起来，我们可以从以下几个方面着手。

1. 要活化教学内容，使之成为发展学生基础学力的"基本点"

一些教师在教学中只注重教材知识，让学生掌握教材知识，以为这样就是落实教学要求，就可以取得良好的教学效果。其实，这不只是偏离了素质教育的要求，也偏离了教材本身的要求。因此，要让课堂活跃起来，首先要活化教材，而活化教材的关键是转变教师的教材观和教学观，变"双基"教学观为"四基"教学观，即以教材为基本素材来训练学生的基本能力，在训练学生的基本能力的过程中传授基本知识，在学生获得基本知识和基本能力的过程中培养积极进取的基本态度。

例如，有位教师在教小数的加减法时，他首先在黑板上列了三个式子：一个式子是左边数字对齐，一个式子是右边数字对齐，一个式子是小数点对齐，然后指导学生看书并讨论问题：哪个式子是正确的？为什么？在学生认真看书并热烈讨论之后得出"小数的加减法必须要小数点对齐"这一结论后，教师又顺势引导学生温习整数加减法的法则，让学生进一步明确"小数点对齐"的意义就是整数加减法的个位对个位、十位对十位。这样，以教材为基本素材，在训练学生读、思、说、写、算等能力的过程中传授了小数加减法的新知识，并在活跃的课堂气氛中培养了学生认真读书、积极思考、合作探究的学习态度，效果较好。

2. 要活化教学方法，使之成为学生发展的"生长点"

吕叔湘先生说："教学，就是'教'学生'学'。"教师讲课，就是进行学习指导，就是教给学生学习方法。虽然教师的学习指导是一种外在动机，但是这种外在动机可以对学生产生很大影响。通常表现出来的是，有什么样

的教，就有什么样的学。比如，教师讲解时注重从不同角度提问，学生学习时就比较注意从不同方面思考；教师教学时比较注重小结，学生在学习时就能注意听课内容的条理化和系统化等。这也表明，只有教得"活"，才能学得"活"。

要教得"活"，除要活化教学内容外，还必须改变"同位补差"的习惯，而代之以"移位补差"的办法。习惯的"同位补差"，是头痛医头、脚痛医脚的办法，发现了学生的不足，就抓住不放，越抓学生越没了信心。

所谓"移位补差"，实际上就是以长补短，以长克短。它要求教师善于发现学生的长处，有意识地鼓励和引导他们发挥自己的长处，为他们提供发挥其特长的条件，然后严格要求，使其在发挥自己特长的同时弥补和克服自己的不足，就有了心理上的优势，增强了信心。更重要的是，让学生从中意识到了自己的价值。

3. 要活跃课堂气氛，使之成为和谐共振的"心理场"

教师一走进课堂，首先要善于营造一种和谐而亲切的课堂气氛，让学生"亲其师"；随着课堂交往的深入，教师就要善于将初始营造的轻松课堂气氛激活成既和谐亲切，又催人奋进的、持久共振的"心理场"，让学生"信其道"，并进而"竞其能"。为此，教师就要特别注意加强对学生的学习态度的培养，尤其要重视情感的作用。学习态度是学生对学习所持有的评价和行为倾向，可分为认识、情感、倾向三种成分。认识是带有评价性质的叙述，其内容为对学习的认识与理解；情感是指对学习的体验，如对教师、对同学的尊敬与蔑视、同情或排斥、喜欢或厌恶等；倾向是指学生准备对学习做出的反应。举例来说。"我认为某教师的说法是正确的"这属于认识；"但是，我不喜欢他那种不尊重人的做法"这属于情感；"所以，我不愿听他的"这属于倾向。

在这三种心理成分中，情感最为重要，尤其是三者发生矛盾时，情感因素往往起着决定性的作用。这是因为，仅仅知道该怎么做，并不能真正转变一个人的态度，还必须有情感的转变。比如："我知道该这样做，但我就是不情愿。"就说明了这个道理。可见，改变一个人的情感比改变认识更困难。

4. 要活化教学时机，使之成为学生发展的"醒悟点"

教学实践告诉我们，教学时机的选择是极为重要的，这是因为，把握好

一个教学机会，就能促使学生醒悟，进而成才。所谓的"最近发展区"，也是这个道理。

实践证明，人才成长过程中，往往有一个或多个"醒悟点"。过去人们把孩子上学读书称为"发蒙"或"启蒙"，就有希望教师点其醒悟而促其成才之意。

一次有意义的活动，一场生动的报告，一次适时的表扬、奖励或处分等都可能是一次转机，都可能成为一个醒悟点。

教师的责任、教育的艺术就在于善于抓住这样的时机，把它变成一个个转机，变成一个个醒悟点。

让诗意在教学中流淌

人性的教育呼唤诗意。教育中如果没有诗意和激情就没有召唤和启示，就没有美感，没有性情的陶冶和净化，没有灵魂的飞升和生活的热忱。作为教育实施主渠道的课堂，理应是一个充满诗意的场所。

诗歌是情感的精灵。充满诗意的课堂，就会有激情的飞扬，就会有情感的磁场，就会有师生之间的情感交融。诗歌是生命的泉涌。充满诗意的课堂，就会有涵咏的兴味，就会有优美的意境，就会有审美的空间。诗歌是带着魔力的翅膀。充满诗意的课堂，时时会有学生瑰丽的想像飞翔。

显然，让教学充满诗意，表达的不只是一种教学操作、一种方法，更是一种教学观念、一种艺术境界。这种教学理念就是提高课堂教学的文化品位，扫除一切程式和室闷；高扬人文的旗帜，开发创造的潜能。它追求的艺术境界：让我们的课堂教学像诗歌一样激情飞扬，像诗歌一样蕴含丰富，像诗歌一样意境优美，像诗歌一样充满想像和创造。

追求课堂教学的诗意是一种浪漫，这种浪漫要与教育现实结合起来，要实现浪漫与现实的统一。课堂教学需要扎实，来不得半点虚假，但这并不意味着课堂教学排斥空灵的诗意。诗化教学，是教学的一个支点，更是诗意人生的出发点。

王崧舟老师和他的诗意语文

王崧舟，男，1966年10月出生，浙江上虞人，大学本科学历，中学高级教师，特级教师。系国家级学科带头人、全国"五一"劳动奖章获得者、浙江省小语会副会长、杭州市小语会会长。现任杭州市拱宸桥小学教育集团理事长兼拱宸桥小学校长。

王崧舟老师长期从事于小学语文教育改革实践。他积极倡导"诗意语文"的理想和信念，主张以发展学生的言语生命为核心，从生命成长的高度深化语文教育改革，促进学生语言和精神的协同发展。1998年评上特级教师以来，他先后应邀赴全国29个省份200多个城市开设观摩课1000多节次、讲座600多场次，其代表课例有《万里长城》《我的战友邱少云》《只有一个地球》

《一夜的工作》《长相思》《两小儿辩日》《慈母情深》等，在实践中逐步形成"精致、和谐、大气、开放"的杭派语文教学风格。他的语文课先后在中央电视台《实话实说》栏目、中国教育电视台《名师讲坛》栏目播出。他还出版了《小学作文教学改革与流派》《王崧舟语感教学法》《课程改革与学习主题的构建》《诗意语文》等教育教学论著，在省级以上公开刊物发表《天地一堂课》《语文教育的理想和信念》《诗意语文挥洒诗意人生》《诗意语文，追寻生命化教育的境界》《磨你千遍也不厌倦》等论文200余篇。

诗意课堂是王崧舟老师教学思想的核心，其主旨是教师用诗样唯美的语言演绎课堂，用诗样的精巧锻造课堂，用诗样的意蕴营造课堂，用诗样的激情撼动课堂，让课堂涌动着诗的灵性，洋溢着诗的浪漫，弥漫着诗的芳香，勃发着诗的激情，流淌着诗的旋律，演绎着诗的精彩。作为诗意课堂思想的倡导者、追求者，他所追求的理想课堂是在促进学生生命和谐发展的同时，努力实现自我生命的和谐发展，让师生在语文的大地上诗意栖居。

语文，顾名思义，语言和文字。语文学习就是在学习过程中掌握语言和文字，目的是在交流过程中，能正确熟练地理解别人的语言表达，同时准确熟练表达自己思想。这里的交流确切地说是信息交流。通过语文进行交流，从而及时地调整自我，更好地发挥自己在社会中的作用。传统的语文学习一般包括语言的学习和文字的掌握，而忽视了其本质的东西——交流。

王崧舟老师的诗意语文教学回归了语文本色，让学生在自主、和谐的语文学习过程中交流，从而走向成功，享受幸福。其思想不仅停留在课堂，是师生诗意栖居的地方，还沿着课堂的诗意伸向远方，把交流进一步延伸，不仅仅是和周围的人交流，还和前人交流，在此过程中，成就诗意人生。学生在他的课堂中，忘却了自我，醉心于惬意的交流、欢快的思索，同作者一起惊喜、一起感动、一起悲欢。此外，他对诗意语文进一步解读，提出了"语文是功利的，那是学生的立身公器；语文是科学的，那是学生的思维之剑；语文是审美的，那是学生的精神家园。语文是一面多棱镜，折射着功利、科学、审美的缤纷色彩；语文是一个万花筒，演绎着实用、真理、灵性的大千气象；语文是人的，只有全面而深刻地把握好人与语文的关系，语文才会喷射出缤纷的色彩，激荡起大千的气象。

在实施自己的诗意语文过程中，王崧舟老师主张以发展学生的语感素养为核心，把语感看做是诗意语文的原点，从生命成长的高度关照和深化语文教学改革，促进学生语言和精神的协同发展。他认为"语文素养"就是"人"

的素养，"人文精神"就是"人"的精神，"母语教育"就是"人"的教育。让学生在用情感领悟母语和智慧融化母语的同时，通过教授母语熏染学生的情感和提升学生的智慧。这是在一般的语文教学中不太被注意的，也是我们新教师们最欠缺的。通过诗意语文的教学思想及其教学策略，教师应该让学生的童年富有意义、光泽，显示生命的价值，使学生的心灵受到强烈的震撼。

王崧舟老师的经典课堂给观课者们留下了美好的回忆。其中，他在《我的伯父鲁迅先生》这一课的教学设计中所安排的"饱经风霜"这个词的学习过程，犹能体现他诗意语文的教学理念，犹能体现王老师匠心独运、诗心灵巧的教学智慧。

在这个教学设计中，他首先请学生回忆在生活中有没有看到过饱经风霜的脸，然后请学生用自己的语言描述一下这位车夫的脸。对此，学生的反应相当活跃，有的学生说，车夫的额头上布满了一道又一道的皱纹，眼眶深深地陷进去，颧骨高高地突出来；有的学生说，车夫的脸蜡黄，他实际上只有三十来岁，但是看上去却已经五十开外了；有的学生说，车夫的头发乱得像一堆稻草，脸色灰黑、脸颊精瘦，明显营养不良。

然后，他又进一步启发学生，问他们能从这张饱经风霜的脸上还能看出什么？学生反应非常热烈，有的学生说："车夫干活肯定非常累，不管是烈日酷暑，还是暴风骤雨，为了家庭生活，他都要拼命地拉车。"有的学生说："我看出车夫的家里肯定很穷，吃了上顿就没了下顿。"有的学生说："我看出车夫的身体肯定不好，他因为身体有病、营养不良、干活又累，所以他的健康肯定很糟糕。"……通过这种感性的学习方式，读出了"饱经风霜"这个词的形象、情味和意蕴，也正是通过这样的感性方式，让"饱经风霜"这个词融化为学生的血肉、深入学生的骨髓、成为学生精神世界中的又一个鲜活的元素。这样的教学远比靠背词语解释"饱经风霜是形容一个人经历了很多的艰辛和磨难"有用得多。

王崧舟老师的教学思想与经典课堂让我们感受到了语文教学的魅力和智慧，也让我们领略了充满诗意的教学所呈现出来的活力和精彩，更为我们广大的教师指明了前进的方向，提供了一种启迪和指引。

诗意的课堂怀着对生命的敬畏和尊崇，以热切而理性的努力追寻着教育的本真。海德格尔曾说："一切的冥思是诗，一切的诗作是思。"让人诗意地

栖居在大地上是诗意课堂所要追寻的最高境界。

让我们还原这样一个事实，每一个学生都是幻想家，他们的心灵深处都有一串串彩色的梦想。有梦想就会有诗，只要教师在学生们的心灵深处轻轻拨动那些诗意的心弦，美妙的诗一样的语言就会如泉水般溢出。

只有在诗意的课堂上成长起来的学生，才能学会诗意地享受大自然的一草一木、生活中的点点滴滴，才能感受一滴雨点带来的惊喜，一朵鲜花绽放的微笑，一片落叶流露的哀愁……学生的眼睛是纯净的湖水，他们总能在瞬间看见最纯粹、最本质的美丽。当他们把这些感受真实地表达出来时，那便是诗意的升华、诗意的创造。

在《教育的艺术》中，苏霍姆林斯基指出："我一千次地确信，没有一条富有诗意的感情和美的清泉，就不可能有学生全面智力的发展。"从这句话中，我们不难看出"富有诗意"的重要性。是的，有了诗意，就有了知、情、意、趣；有了诗意，就有了兴、观、群、怨；有了诗意，就有了人文精神的烛照；有了诗意，就有了艺术的魅力。

诗人说，一个只会冒烟而不会燃烧的人，不会成为真正的诗人。我们也可以说，一个只会冒烟而不会燃烧的人，也是很难成为一个真正的教师的，让我们像王崧舟老师那样，做一个充满激情和智慧的教师，追求诗意的课堂，追求师生诗意的栖居。

深悟儿童诗性天性的诗人布莱克在《小学生》一诗中写出这样的句子："为了欢乐而出世的小鸟，怎能坐在笼中歌唱？"让课堂充满诗意，才能达到情趣并茂、轻松愉快的境界，有了诗意烛照的课堂，才能形成心领神会、和谐融通的默契。

那么，我们如何才能让课堂教学充满诗意呢？

1. 诗意的教学语言

语言是人类最重要的交际工具，承载着人类的思想与情感，人类总是在孜孜以求语言的鲜活与生命力。课堂教学语言是课堂教学内容得以呈现的最常用的工具，因此我们首先应该在教学语言上苦下功夫。

首先，诗意的教学语言应该是生动鲜活的，能深深吸引学生的注意力，激发学生对课堂的热爱，点燃学生的求知欲。其次，诗意的教学语言应该是充满感情的，充满着教师对教育事业的热爱之情，对学生的关切深情，这样的语言能够敲开学生的心灵之窗，能够为师生交流、沟通、互动架设桥梁。要做到这一点，技巧并不重要，关键是要发自内心，要真诚。最后，诗意的教学语言应该是有启发性，要讲究一定的技巧，让学生能从教师富有启发性的语言中迅速理解教学内容并内化为能力。

总之，诗意的教学语言，能化枯燥乏味为生动形象，能化艰深晦涩为通俗易懂，能营造一个充满诗意的氛围，让学生在美的享受中得到提高。

2. 诗意的教学设计

教学设计是课堂教学的重要环节，同样的教学内容因设计的不同而带来的教学效果迥然相异。充满诗意的教学设计，总是能深入浅出，由易到难，给人耳目一新的感觉。实现这一点，就要熟知学生学习的心理特点，了解学生接受知识的心理规律，教学讲解要既能激发兴趣，又能加深印象；同时，要针对不同的教学内容采取相应的教学策略，如新授知识加强诗意的导入以调动学生的积极性，知识复习注重诗意的变化，给学生新鲜感。诗意的教学设计，要在教学的各个环节上下功夫，环环相扣，浑然一体，将新颖与实效有机地结合起来。

3. 诗意的生活——诗意课堂的源头活水

课堂与生活是紧密相连的，甚至可以说课堂是生活的组成部分，同样的，生活也应该成为课堂的有机组成部分。课堂不仅传授科学文化知识，也应该关注生活的变化与发展，因为生活本身就是一个包罗万象的知识体系。课堂教学中，我们可以通过生活中的某种常识或某些现象将知识讲解得更生动、更易于接受；我们可以也应该通过生活中的假、恶、丑让学生正确认识社会、认识自我；我们更应该通过生活中的真、善、美让学生看到生活中的希望，培养自信乐观的心态。当然，随意地引入生活是无益的，知识传授与生活引入融为一体的课堂才是生机无限、充满诗意的。

4. 对生活诗意的热爱与创造

哲学家海德格尔曾说："人应该诗意地栖居在大地上。"这其实是一种人生的理想与目标。课堂肩负着培养懂得"诗意地栖居"的人的重任，要实现这种充满诗意的目标，首先需要教师对生活充满热爱，这是高于对教育事业的一种热爱（一个连生活都不热爱的人无法奢求他会热爱其他什么），并通过教师的言行感染学生，激起学生对生活的无限热爱。比热爱更重要的是创造，甚至可以说，所有的创造都是基于对生活的创造，课堂诗意的最高境界是培养懂得创造生活的人！

"教到深处"是情感

教育家赞可夫说过:"积极的情感、欢乐的情绪,能使学生精神振奋,思维活跃,容易使他们形成新的联系而迸发智慧的火花。"因此,在教学中充分调动学生的积极情感,让学生乐学、好学就显得十分的重要。

教学不是教师一个人的"独角戏",没有学生的积极配合,教师再高超的教学技巧也无"用武之地"。在某种意义上,正是学生的存在才彰显了教师的价值和意义,学生是教学中的"主体",教学就是教师"主导"下的学生"主体"自主学习知识的行为。调动学生的学习热情和学习兴趣,是教师的首要任务。

列宁说过:"没有人的情感,就从来没有,也不可能有人对真理的追求。"学生的内心世界丰富多彩,他们渴求真情,有强烈的表现欲和成功欲。教师要善于将学生好学上进的热情、欲望内化为他们持久的情感、永恒的兴趣和执著的追求,实现在课堂教学的"最大收益"。

另一方面,新课程标准倡导的"三维"教学目标也明确提出,情感、态度、价值观的培养是教学的一个重要目标。现代教学绝不应该仅仅停留在知识的传授上,而是要充分地挖掘隐含在知识背后的情感因素,让课堂教学成为学生"情感教育"的主战场,帮助学生形成积极、健康的情感。

"教到深处"是情感,情感是课堂教学的灵魂和生命,没有情感的教学就像荒无人烟的沙漠,没有一点生气。在课堂教学中,教师要善于利用学生情感,培养学生情感,实现学生的全面发展。

拨动学生情感之弦(节选)

——谈窦桂梅老师语文课堂中的情感教育

每每听到特级教师窦桂梅执教的语文课,或看到她的课堂实录,总有一种震撼心灵的感动,学生们也会被她蓬勃张扬的激情所感染。究其原因,是窦老师始终把培养美好情感作为语文教学的重要内容与目标。

一、导入课文，以情激情

教师富有激情的导课语言，不仅有利于激发学生的求知欲望，点燃学生智慧的火花，而且能打动学生的心，激发学生的情，从而诱发他们心灵深处的需要，与教师、文本产生情感共鸣。请看窦老师在《秋天的怀念》一课中的导语：

师：今天的课上，要为同学们带来什么礼物呢？我想起了我们学校的一位校友，他叫史铁生。这位在我们学校毕业的学生，今年已经54岁了，21岁的时候，突然的重病使他高位截瘫。也就是在那一年，他的母亲也去世了。这么多年来，儿子一直用文字表达对母亲的感受。请同学们一起默读下面这段话，看你读到了什么。

（课件出示："我坐在小公园安静的树林里，闭上眼睛，想，上帝为什么早早的召母亲回去呢？很久很久，迷迷糊糊的我听见了回答：'她心里太苦了，上帝看她受不住，就召她回去了。'睁开眼睛，看见风正从树林里穿过。"——《合欢树》）

生：（学生默读后发言）我读到了他对母亲的思念。他把上帝召她回去作为安慰。

生：作者心中的母亲活得太苦了——"闭上眼睛，想，上帝为什么早早的召母亲回去呢？很久很久，迷迷糊糊的我听见了回答：'她心里太苦了，上帝看她受不住，就召她回去了。'"（师板书：苦）

师：他的好多文章都表达了这份感情，比如课前发给同学们的——

生：《秋天的怀念》。

上课伊始，窦老师就用无比深沉的语调，动情地向学生介绍作家的情况。教师发自内心的激情，拨动了学生的心弦，形成一个"未成曲调先有情"的教学氛围。然后自然带出一篇与课文情感一致的作品《合欢树》的选段，让学生产生强烈的阅读期待：为什么作者那么怀念母亲？为什么说母亲心里太苦了？学生很快沉浸在母子情深似海的绵绵意蕴之中，使教师与学生的心、文章与学生的心产生共鸣，为解读教材积蓄了情感，也为课文所要体现的深深的怀念之情打下感情基础。

二、朗读课文，以情怡情

朗读是通过读出词语和句子的声音，把视觉的文字语言转化为听觉的有

声语言；朗读是教师教学过程中经常使用的重要言语形式。通过有表情的朗读，细细体会语言的韵味，可以使学生进入作品的氛围之中，亲切地感受作者的情感，身心受到陶冶。下面请看窦老师执教《再见了，亲人》的片段。

师：多少故事要讲，多少话要说，可火车不等人啊！他们即将要分别了，这样的故事就是三天三夜也讲不完。所以，把深深的情化作对亲人的诵。你怎么理解这个"诵"？

生：诵就是赞扬的意思。

生：诵就是赞颂的意思。

师：那就把刚才你们讲的感情融入朗读中，用你们的心去歌颂他们（播放课件：大娘的照片）。看，这就是当年《中国青年报》上登载的75岁的李大娘和战士张喜武挥泪告别的情景。回首往事，情更深，意更浓。谁想和大娘诵别？

生：（深情地）大娘，停住您送别的脚步吧！为了帮我们洗补衣服，您已经……

师：你的诵别含着深情，可是年迈的大娘怎么忍心就此和亲人志愿军分手呢？我们只好请求她停步。谁来请求大娘？

（生"请求"大娘停步，动情地读。）

师：就是这样请求，大娘也没有停下送别的脚步，送了一程又一程。我们只好恳求大娘——

（生"恳求"大娘停步，尤其是"大娘"一词由慢到快的语气处理，很有味道。）

师：可是，大娘的脚步仍然没有停住。为了让大娘回家休息，万般无奈，我们的战士只好哀求她——

（生"哀求"大娘停步。有个学生连续强调了两次：大娘——大娘。）

师：可是大娘还是不走啊！我们万般无奈，只好以军人的口气命令她——

（生"命令"大娘，语气坚定。）

师：这命令也有不忍，命令中也有深情——是一种复杂的感情啊！谁再来试试？

（生读出的感情很复杂。台下响起了掌声。）

"大娘，停住您送别的脚步吧！为了帮我们洗补衣服，您已经……"这句话所包含的复杂的感情，是小学生不易把握的。如果反复单一地读，会使学生的心理疲乏，造成厌倦感。窦老师把它设置为五个不同的层次：求——

请求—恳求—哀求—命令，使学生的体会逐步深入，情感渐趋投入，在反复的朗读中，达到"心入于境，情会于物"。

窦老师像一名出色的导演。她或调动现代教学手段，提供照片，从视觉上丰富学生的感受，为学生的广阔想象创造空间；或营造氛围，让学生转换角色，把自己当成志愿军战士与大娘分别；或用那启人心智的教学语言，如点点音符拨动学生的心弦。这样，学生的情感很自然地移入所担当的角色里。通过层层深入的朗读，志愿军战士与朝鲜人民依依惜别的情景展现在眼前，学生由衷地感到中朝两国人民的深厚友谊，学生与文本、作者的感情融为一体。

三、剖析文路，以情动情

通过语言文字表达情感是语文学科的特点。小学语文书中很多课文既有生动、鲜明的人物形象，又有动人的故事情节，凝聚着强烈的感情，渗透着深刻的理性，为师生情感思想的参与提供了有利的条件。无论是写人记事的，还是写景状物的，作者的感情都是客观存在的，但小学生难以深刻理解。要使作者、教师和学生的思想感情沟通起来，教师起着主导作用、桥梁作用。

《圆明园的毁灭》一课，讲述了圆明园当年的辉煌景观和它的毁灭，表达了作者对祖国灿烂文化的热爱和对侵略者强盗行径的仇恨。怎样起桥梁作用，帮助学生体会侵略者的残暴呢？请看窦老师第五自然段的教学实录。

师：英法联军是怎么做的？浏览第五自然段，用书上的词语概括一下。

生：英法联军是"统统掠走""任意毁坏""放火焚烧"。

师："统统"掠走，是怎么"掠"？

生：只要能拿的就全部拿走，一个也不留。

生：就是能抢就抢，拿不动的就用车运。

师：有没有查到资料的，举个例子说说？（学生没人发言）那好，我这里有一段真实的资料，请读一读——

（生读略。）

师：把感情带到课文中再朗读这句话。

（生读略。学生个个表情严肃。）

师：实在运不走的就"任意"毁坏。这帮侵略者是怎么"毁"的？

生：拿不走就砸就摔，也不给中国留着，都给弄坏了。

生：我知道他们用枪捣毁大镜子，把上好的瓷器等随便往地上一扔……

（教师再次出示资料，学生读。）

师：有感受吗？（学生纷纷点头。）好，再带着感受朗读这句话。

（提示学生，朗读"破坏""毁掉"时，要表现出一种无奈、气愤、痛心的语气。）

生：这还没完，敌人为了销毁罪证，放火把圆明园烧了。大火烧了三天三夜，圆明园只剩下一片灰烬！

师：烧掉一幅历史名画只用几秒钟，烧掉一个建筑，比如"平湖秋月"只需几分钟。（放无声录像，是大火焚烧圆明园的镜头。）"火烧"半分钟，想象一下会烧掉什么？（全体静默，出示画面：烈火熊熊，浓烟滚滚的半分钟。）

师：这半分钟，感觉长吗？（学生答感觉长。）

生：会烧掉许多精美的建筑物和画家、书法家的作品。

生：会烧掉许多华丽的丝绸和衣服。

生：会烧掉历代众多的奇珍异宝。

生：圆明园本来是在北京西北郊，可大火笼罩了整个北京城！所以，可以想象出圆明园是怎样化为灰烬的。

师：那就把感受带到课文中再读！

生："1860年10月6日……"（全体学生有感情地朗读第五自然段。）

这里，窦老师引导学生深入品析语言，感悟其中蕴涵的人文精神，以加强对情感的体验。她先让学生紧紧抓住"统统掠走""任意毁坏""放火焚烧"这三个重点词，"是怎么掠的？""是怎么毁的？""烧掉的是什么？"这三问，接着补充背景材料，像剥笋一样，一层一层剥出侵略者的极度贪婪，剥出侵略者的极端残暴、毫无人性。"大火连烧三天，烟云笼罩整个北京城"这句，窦老师让学生看《火烧圆明园》的录像，以及在观看浓烟滚滚的画面中静默半分钟，激起学生对强盗行径的无比愤恨，激发了学生不忘国耻、振兴中华的强烈责任感。

四、几点思考

语文学科与其他学科相比，更应重视情感教育。首先，这是由语文学科的性质决定的。《义务教育语文课程标准》指出："工具性和人文性的统一，是语文课程的基本特点。"从工具性出发，语文课程就应着眼于培养学生应用语文的实用能力并注重体现课程的实践特点；从人文性出发，语文课程就

应着眼于对学生思想感情起熏陶、感染作用的教育功能，并注重挖掘课程所具有的丰富的文化特质。而情感教育的本质在于培养学生丰富健康的情感，以实现人自身的全面发展。由此可见，语文课程的人文性要求与情感教育的本质是统一的。

其次，情感教育也是语文教学的目标、要求。《全日制义务教育语文课程标准（实验稿）》中有许多情感培养的要求，如"阅读浅近的童话、寓言、故事，向往美好的情境，关心自然和生命""关心作品中人物的命运和喜怒哀乐""说出自己的喜欢、憎恶、崇敬、向往、同情等感受"。正如苏霍姆林斯基所说："情感如同肥沃的土地，知识的种子就播在这个土壤上。"只有在情感这块肥田沃土上，语文教学才能结出丰硕的果实。

满腔热情地爱学生。爱是人的一种积极的高尚的情感。教师要满腔热情地爱学生、关心学生，与学生建立真挚融洽的师生关系，努力营造一个支持个性的环境，使得每个学生都切切实实地感受到一种信任与安全，学生才会敞开心扉，毫无顾忌，情感因为有了真诚的内容才会格外真切。窦老师在课堂上像助推器，激活学生智慧的种子，点燃学生情感的火把，使语文课堂成为学生语文和精神协同发展的栖息地和放牧场，原因就在于，窦老师发自内心的、真正的对学生的喜欢，对不同个体的尊重，对学生生命的热爱。

让我们像窦老师那样，拨动学生情感之弦，培养学生高尚的情操，为学生的生命奠基。

课堂教学是一门复杂的艺术，教师要取得教学上的成功，不仅有赖于自己丰富的知识、良好的品德及合理的能力结构，而且还取决于教师在教学过程中注入的自己特有的情感及以特有的手段和技巧充分调动了学生的情感。

在上文所述的案例中，我们可以看到窦老师的课堂教学是十分具有"情感魅力"的，无论是教学开端的导入还是教学中的朗读和分析，窦老师都十分注意调动学生的情感，让学生尽可能全面地感悟和体验课文中人物的感受和心情，这种"换位体验"，让学生不仅顺利地掌握了相关知识的教学目标，更陶冶了自己的情操，发展了自己积极、健康的情感。

面向全体学生是素质教育的最根本的特征，教学中的情感教育在这一点上有着很大的优势。学生在感情的交融中，获取知识增长能力，开发智力，思想得到净化，情操得到陶冶，优良的心理素质得以养成。

苏霍姆林斯基曾说："学校里的学习不是毫无热情地把知识从一个头脑里装进另一个头脑里，而是师生之间每时每刻都在进行心灵的接触。"如果我们把大脑等同于产生智力的场所，那么，我们有理由相信，心灵恰是情感的孕育场，师生之间心灵与心灵的接触，应该是饱含情感的心灵之间的接触。

而教育，不也就是一颗心灵对另一颗心灵的呼唤和引领吗？

情感在人的认识活动中的作用是巨大的。情感是伴随着认识活动而产生的，二者相辅相成，相得益彰。正如赞可夫所说："积极的情感、欢乐的情绪能使学生精神振奋、思维活跃，容易使他们形成新的联系而迸发智慧的火花。"这就正好说明了情感对人的认识活动有着不可言喻的巨大的推动作用。

积极的情感、欢快的情绪能使学生精神振奋、思维活跃，容易形成新的联系；而消极的情绪，则会抑制学生的智力活动。

（一）情感教育是课堂教学成功的前提

1. 可以发挥师生关系的纽带作用

素质教育的教学观，强调师生关系的和谐、平等与互相尊重。在课堂教学过程中，师生之间的关系，不仅是知识的传授，而且是情感的交流。我们提倡要把全部的爱给学生，把教学过程作为向学生表达爱的主渠道，以教师自身对教育事业的忠诚和执著的追求，以教师自身的聪明才智和教学技巧，去博得学生的爱戴和尊敬。由学生对教师深厚的感情，迁移到对所授课程强烈的兴趣爱好，并对知识更易接受，乐于学好。

2. 可以营造班级团结向上的学习氛围

学生生活在班级的集体之中，个体可以影响集体，集体也可影响个体。如果在班集体中悉心营造积极向上、团结友爱的学习氛围，那么就会产生一种无形而强大的集体感化力，促使全体学生勤奋进取。这样，就可以在群体教学中收到接近个别教学的效果，为取得课堂教学的成功创造条件。

3. 可以创设师生教学相长的教学气氛

教师如若完全以"教育者"自居的形象出现在学生而前，课堂教学是断然不能取得成功的，只有通过自己恰到好处的教学，生动、形象地向学生传递亲切、关怀、信任、尊重、鼓励、期待的情感信息，建立平等的师生关系，使教师和学生教学相连，相互促进，尤其突出的是让学生能在精神上得到支持，在感情上得到满足，从而促进学生的认知发展，提高开发智能的效率。

（二）情感教育的操作方法

1.巧设悬念激发

悬念，就是给人们在心理上造成一种强烈的想念和牵挂。它能激发学生的好奇心，以巨大的诱惑力，引起学生的注意，调动学习的积极性。著名特级教师于漪在一次作文讲评课上，捧着一篇无标点符号的文章，不停顿地读，读得上气不接下气，在场的同学都很惊异于于老师这种超乎常规的做法，形成一种情感上的悬念。有些同学看到于老师读得太累了，便叫于老师停一停。于老师说："不能停啊，作者没用标点符号，怎么能停呢！应忠于作者的原意呀！"同学们这才醒悟过来，于老师分明在教育我们写作文时不能在标点符号上偷懒，那个作者（班上的一名同学）也恍然大悟。经过这种巧设悬念的情感激发，那个学生很快自觉地严格要求自己，使自己逐渐掌握了标点符号的正确用法。

2.动情晓理导行

情感是以认识为基础的，只有先动之以情，才能再晓之以理、导之以行。实施情感教育，最终是要达到明理、导行的效果，而这种理必须是含情之理，这种行必须是动情之行，切忌生硬做作、牵强附会。倡导情感教育与晓理、导行结合，不但强化了情感教育，而且体现了"知、情、意、行"德育心理的过程，使教学中的情感教育得到淋漓尽致的发挥。

让学生成为课堂的主人

陶行知先生曾说："先生的责任不在于教，而在于教学生学"，要贯彻这一理念，一个重要的途径就是把课堂还给学生，让学生成为课堂的主人，成为课堂教学的主角，在积极主动中，学会学习。

一个很明显的事实是，无论我们如何强调外界的影响因素是多么的强大，学生的发展，终归是属于学生自己的事情，只能由学生自己来"决定"，所谓的外因要通过内因来起作用，说的也就是这个道理。因此，在教育教学中教师就不应该人为地为学生设计好发展的路径，而应把发展的选择权、发展的主动权还给学生，让学生实现积极主动的自主发展。

叶澜教授曾经说过："每个人都只能自己'活'，不能由别人代'活'；每个人从出生到死亡的全部历程都得自己走，不能由别人代走。这是一个明白到不能再明白的事实，是每一个活着的人都能体会到的朴素真理。"学生是课堂教学的主体，学习主要是学生自己的事情，作为教师，只能是一个引导者和促进者，作为引导者和促进者的教师一定要有一种类似于"自知之明"样的"自律"精神，不把已知、固定的答案强加给学生，而应引领学生，和学生一起进行知识的探索。

"授人以鱼，不如授人以渔"，教师不仅要教给学生知识，更重要的是要让学生学会学习，培养学生善学、好学的精神和探索、创造的热情，课堂教学中唯有让学生成为课堂的主人，成为学习的主人，发自内心的认识到学习的重要性，体验到学习带来的快乐，这一目的才有达成的希望！因此，把课堂还给学生，让学生成为课堂的主人，其价值不言而喻。

造就一个强大的头脑

——孙维刚老师教育实践思考

我第一次去听孙维刚老师的课时，对孙维刚老师的事迹一无所知。对于孙老师的实验、孙老师的书、孙老师的报告，电视上的报道和讨论等，我都还不知道。当时，我刚刚来到北京，刚刚产生要做中小学教师研究的念头，与中小学教师还很少有联系。只是听朋友的建议："要研究教师，应该去听

一听孙维刚老师的课。"还从一个学生那里得知："孙维刚老师是在用哲学讲数学。"所以，我对孙老师的了解，开始得很自然。

我听的是孙老师的实验1班（初中二年级）的课，讲的是一节高中的代数，两节立体几何。当我坐在孙老师的课堂上，很快就有一个很大的感受：孙老师的课，非常自然地体现出教育的意义，学生是在从根本上掌握数学的思维方式。我很快就产生了对孙维刚老师由衷的敬佩。孙老师的课好就好在一切都是一种自然地发生的事情，没有一点做作，不是为了追求什么形式原则做出来的东西，没有一点形式化、模式化的痕迹，是一种根本的、整体的、从内部生发出来的东西。

强调学生的主体地位，让学生真正成为学习的主人，是教育改革中一个共同的追求。很多教师在努力地为此做出改革的尝试，很多课题对此进行了专门的研究。在孙老师的课堂上，这一点，是可以直接地感受到的。

在听课的时候，我看到了，几乎所有的例题、公式的推导、定理的证明都是由学生自己做的。在课后的座谈中，同去听课的教师，直接问孙老师："您从来不证明吗？"孙老师回答说："过一个月、两个月，我也许会证一次"。孙老师在自己的书中写到了这个问题：

"我教他们6年数学，几乎每道例题、每个定理、每个公式，都是引导学生自己动手完成的，孩子们争先恐后，抢在我的前面，想出题目的解法，想出定理的证明，甚至我刚刚写出定理的前提，他们就抢到我的前面，猜想定理的结论该是什么？乃至在我说一句话时，他们就要求自己判断出老师的下一句话该是什么了……"

孙老师所说的学生是学习的主人，是指学生始终处在积极的思维状态，总是想在老师的前面，向老师（包括课本）挑战。这样，他们自己必将印象深刻，记忆久远，甚至终生难忘。

孙老师认为，学生成为课堂真正的主人，是教师造就的。不是教师代替学生的主体地位，不是教师规定学生的发展，不是教师编好框框把学生禁锢在教师的框框里面。恰恰相反，它意味着"相信学生中蕴藏着巨大的智慧，这往往使我们始料不及"。

彭壮壮同学以狄里克莱函数对周期函数不一定有最小正周期的证明，打破课堂的沉寂，引起学生啧啧赞叹，使孙老师本人也十分惊讶。5年后，孙老师再次提出这个问题，"答出狄里克莱函数的同学，可不是一个人，而是十几人"。孙老师因而呼吁："这就是学生的潜能，打开这道闸门吧，智慧的

洪流将汹涌澎湃。"

在孙老师看来，教师的造就，是为学生创造条件，让学生发展自己的弹跳力，自己跳过横杆，而不是把学生托过横杆。教师不应当放弃自己的责任，但教师的责任不是教师讲、学生听，教师的责任就是为学生创造条件，让学生实现全面发展。

新课改的理念认为，有效的学习活动不能单纯依赖模仿与记忆，动手实践、自主探究、合作交流是学生学习的重要方式。因而，课堂教学应营造浓厚的自主学习氛围，增强学生的主体意识，激发学习兴趣，使学生调动自身的学习潜能，进行自主学习，成为课堂学习的主人。

其实，课堂教学的最终结果，不在教师"教"得如何，而在于学生"学"得如何，在于学生是否真正领会和掌握知识。过去，课堂常常被教师所主宰，成为教师自我表现的场所。这样一来，教师把大量的知识机械地教授给学生，但并不能唤起学生内心的求知渴望与热情。如果没有学生自觉自愿地独立探索，没有积极主动参与的精神，很难取得较好的教学效果。所以课堂教学的着眼点，应该是使学生的潜能得到有效的发挥，让学生积极主动地参与到教学活动中，形成"多维互动"的教学氛围。只有在课堂上充分发挥学生的主动性，增强学生的课堂参与意识，使学生体验到实现教学目标及与教师协同一致获取知识的乐趣，课堂才能焕发出生命的活力。

随着新一轮课程改革的实施，学生"自主、合作、探究"的学习意识也开始觉醒。他们已不满足于教师泛泛地讲述或无休止地提问，他们更不满足于教师强加给他们的种种束缚，这对教师的课堂教学无疑是一种隐形的挑战。因而，转变教师的教学观念，把课堂实实在在地还给学生，已势在必行。

而孙老师及众多著名教师的教学实践也让我们看到，课堂是学生学习知识、锻炼能力的舞台，教师只有在教学活动中营造浓厚的自主学习氛围，强化学生的主体地位，让学生成为课堂的主人，课堂方能焕发生命的活力！

新课程理念指出，要注重学生能力的培养，与其"授之以鱼"，不如"授之以渔"，要让学生全面地、主动地得到全面的发展，这就要求教育者必须在教学活动中强化学生的主体地位，让学生成为课堂的主人。

1.让学生成为教学的主角

传统的课堂教学，是教师"一言堂""填鸭式"的教学模式。但新课程

改革强调在教学中以"学生为主体，教师为主导"，即教师应把提出问题、分析问题的权利还给学生，让学生大胆质疑、大胆发问，说出自己对问题的理解，也就是说课堂教学由"教师教学"转变为"学生学会自主学习"。这就要求教师要舍得花时间给学生思考，让学生充分表达自己的见解，教师不要把自己的想法强加给学生，而是要在对话、沟通、互动中实现教学目标。这样才能改变课堂教学的刻板、单调，才能激发学生创造性开展学习的热情，使全班每一个学生在课堂上充满活力。

例如，在《曹刿论战》的传统教学中，教师总是给学生灌输这样的结论：鲁庄公在作战前后过程中一直听信于曹刿论述指挥，这表现了他的冒失寡谋。但在新课改教学《曹刿论战》的课堂上，有学生却提出了完全不同的意见，他认为鲁庄公是"伯乐"，懂得重用人才。从中我们可以看出学生对文本的解读是多样的，各自的体验也是独特的。对于学生个性化阅读理解，教师应加以尊重，但我们也要对学生的自由想象、理解进行引导，这才有助于学生健康成长，有助于学生对学习材料多元化有正确的理解。因而，教师要把教学当做教师与学生共同探求新知的过程，从学生的角度设计教学。当然，教师应有意识地调控学生对课堂教学的控制欲和支配欲。

2. 变被动接受为自主学习

传统的课堂教学通常以例题、示范、讲解为主要方式。教学应从教育规律和学生身心发展规律出发，认真研究"讲"，正确把握"讲"的作用。学生各抒己见，加上教师精当的评点，就能把学生的思维引向深处；学生情景体验，教师加以启发引导，有利于学生创新意识和实践能力的培养；学生自读感悟，教师加以优美的语言，点亮思想的火花，学生的内心世界就多了几缕明媚的春光。传统教学在客观上形成学生只能被动接受，因此课堂中几乎看不到猜想、实验、观察、推断等学生亲身体验的实践探究活动。教师应从学生、求参与的心理需要出发，尽可能多给学生提供自主探究的机会，改变以往让学生跟在教师后面亦步亦趋的习惯，引导学生自主学习。

3. 让学生在合作中展示个性

教师要让学生成为课堂的主人，要培养学生合作交流的能力，要让学生在自主探索中发挥自己的个性潜能。因为不同的人，因见识不同、个人经历不同、家境不同等对同一件事、同一个问题、同一个人物形象会有不同的看法。教师只有加强与学生的交流和合作，才能在合作中让学生互相取长补短，互相丰富知识，从而使学生各自的能力得到全面的提高，也让学生发现一个

全新的自己，从而树立学生的自信心和健康的人格。

　　新课程改革的教学要求我们要达到这样的目标：让学生在对话、沟通、交流、互动、合作中共同进步，为展示每一个学生的才华提供一个良好的平台，让每个学生在学习中都有所得，让每个学生在课堂中都能学到自己需要的知识。当然，因为学生能力的差异，每个学生的所得会有所不同，也不是每个学生的水平和能力都能得到大幅度的提高，但人的个性的张扬对于一个人的健康成长是十分有益的。相对于知识的学习，这或许是教育教学更重要的一个方面。

兴趣是最好的老师

兴趣是最好的老师，在学生学习方面，这话可谓说到了极点。

鲁迅曾说，人生识字糊涂始。实际上，还不止这样。糊涂仅仅是一个起点，真正的动力在于兴趣。

倘若没有兴趣，再聪明的孩子也学不好。倘若有了兴趣，再"愚钝"的学生也会学出好成绩。

倘若培养了兴趣，对老师而言，那是再省力不过的事情了；对学生而言，则是最大的福音。

倘若失去了兴趣，那是最该惋惜的事情了，再怎么努力，也是事倍功半。虽说"驽马十驾，功在不舍""锲而不舍，金石可镂"，但那终究是一件得不偿失的事，且真正能做到"驽马十驾"和"锲而不舍"的学生能有几个？再说，什么才是"驽马十驾"和"锲而不舍"的终极标准？

兴趣是最好的老师，这句话对每一个人来说都是一样的。因此，在教学中调动学生的学习兴趣，便成为每一位老师的首要责任。

纪晓村小学数学兴趣教学

纪老师用现代教学理论、教育心理学研究的最新成果和现代脑科学研究成果来指导教学研究。她从小学生的生理特点、心理特点和认知规律出发，探索教和学的有效途径，在继承和发扬小学数学教育的优良传统和方法的基础上，吸取国外的先进教学理论和符合我国实际的教学方法，创造性地开展教学思想、教学组织、教学方式和方法的研究，形成自己的教学特色。

一般来说，初入小学的儿童都有爱学、学好的愿望，正如苏联教育家苏霍姆林斯基说的那样："刚刚开始学习就不想学的儿童是没有的，也不可能有。"但是，儿童入学后，由于教师的态度、教学的方法存在问题，有些学校的新学生很快就产生厌烦的情绪，逐渐远离教师，甚至发展到与家长、教师对立，讨厌学习数学。纪老师多年专教低年级，她教的班却截然不同，学生从入学到离开纪老师，学习步步提高，学习积极性越来越高，学习习惯逐

步养成。我听过她一年级第一学期"10 的认识"研究课、一年级下学期"100 以内加减法"复习课、二年级"表内乘除（二）"复习课、"有余数除法"研究课。这些课是她在不同时期不同的班级教的。学生都是专心听课、积极举手发言、回答问题声音洪亮，课堂气氛亲切、热烈、活跃；下课后许多学生总争着把教具、作业本和小黑板送到办公室，甚至把老师手上的备课本也替老师送回办公室……在老师的周围总有一些学生向老师问这问那……这是多么亲切、和谐、优良的学习氛围啊！纪老师曾对学生做过一次书面调查，题目：你喜欢学习什么功课？写出你喜欢的原因。调查的结果：喜欢上数学课的占被调查人数的 81 %，居所有学科的首位。喜欢上数学课的原因：① 数学课特别有趣；②老师态度和蔼可亲；③老师每周给我们上趣味数学课。

　　一次，老师要到区里开会，宣布明天的课不能上了，由班主任老师带大家做练习。下课后许多同学追着纪老师问："纪老师，什么时候给我们补上数学课？"学生生怕落了一节课。这说明学生具有学习的主动性和积极性，把数学课堂看成了学习的乐园。

　　"敬业爱生""对教育事业孜孜追求，辛勤耕耘和无私奉献"是对纪老师的评价。纪老师把对学生的爱融于教学中，通过用亲切的语言、娴熟的动作、欢乐的表情、庄重的姿态把爱传递给了学生，使学生体验到了亲切、温馨、愉快、幸福、期望的感情，并由此产生良好的心境、积极的情绪、愿学爱学能学好的意向，并产生"爱师亲师"的行动。这就是教育工作中的"亲其师，信其道"的积极效应。

　　纪老师出于强烈的事业心，在教育工作上总是以饱满的热情进行每天的教学工作。她衣着整齐，仪表端庄；语言生动、举止温文；和蔼可亲，微笑教学。这是教师高素质的表现，是她"心灵的反映"，也是教师"以自己的心呼唤学生的心，以自己的'火'点燃学生的'火'"，必然使学生对老师产生亲切感，并对老师的课堂教学产生愉快的享受、美的享受；"老师和蔼可亲"，就必然成为学生喜欢上数学课的一个原因。

　　美国有一个中学在入学考试时曾出过这么一道题：比尔·盖茨的办公桌上有 5 个带锁的抽屉，分别贴着财富、兴趣、幸福、荣誉、成功 5 个标签。盖茨总是只带一把钥匙，而把其他的 4 把锁在抽屉里，请问盖茨带的是哪一把钥匙？教师告诉学生，那是一道智能测试题，内容不在书本上，也没有标准答案，每个人都可根据自己的理解自由回答，但是教师有权根据他的观念

给一个分数。

一位刚移民到美国的学生，看到这个题目后，一下子慌了手脚，因为他不知道如何作答。而他的同桌的答案是，盖茨带的是财富抽屉上的钥匙，其他的钥匙都锁在这只抽屉里。结果教师在这道9分的题上给了移民学生5分，而给移民学生同桌1分。教师认为，他没答一个字，至少说明他是诚实的，凭这一点应该给一半以上的分数。比尔·盖茨本人是这样答的：在你最感兴趣的事物上，隐藏着你人生的秘密。

财富、兴趣、幸福、荣誉和成功几乎是每个人都想追求的。但兴趣是最好的老师，当你必须做出唯一选择的时候，不妨多考虑一下自己的兴趣，在自己感兴趣的领域，更容易做出瞩目的成就。相反，如果忽视了兴趣，努力得越多，就可能离成功越远。

被喻为"科学巨人"的牛顿在苹果树下看书时，从一个苹果成熟落下而引发了联想。试想一个苹果掉下来是一件怪事吗？不，它很常见。谁也没有去注意它，因为我们觉得没有什么大惊小怪的，它不掉下来难道飞上去吗？正是牛顿对这个我们不在意的问题有了浓厚的兴趣，继而发现了"万有引力"定律。

著名科学家达尔文，因一次考察，对某岛上动物外型的异样产生兴趣。也许我们会奇怪一阵子，就逐渐淡忘，但达尔文却不罢休，进入更深一层的研究，用了20多年时间写成了《物种起源》一书，提出进化论。如果不是兴趣促使他锲而不舍地探讨，也许我们至今仍在激烈地辩论人类的起源。这正验证了孔子的一句话："知之者不如好之者，好之者不如乐之者。"因此，案例中的纪老师，实在是一位明智的教师，而她的学生，也一定是世界上最幸福的学生，因为他们都在做着自己感兴趣的事情。

兴趣是最好的老师，这是教学中必须遵守的教学理念。课改中教师应针对学生活泼好动、天真烂漫、好奇心强、喜欢表现等特点，充分调动学生的兴趣，以获得良好的教学氛围，取得最佳的教学效果。

1. 创设氛围，激发兴趣

良好的生活离不开良好的环境，同样良好的教学效果离不开良好的教学氛围。浓厚的教学氛围会激发学生的求知欲，催动学生的积极心理因素，达到内部情趣与外部环境的和谐统一，澎湃的激情与知识的意蕴相互碰撞，从而点燃心灵的火花，激发学生学习的兴趣。教学中教师可以采取多种方法来创设氛围，激发兴趣。

（1）上"有形"课，是指课堂教学要有绘画的功效，具备青、黄、赤、白、黑五色的视觉色彩，创设浓厚的学习氛围，触动学生灵动的求知欲。例如：在语文课上，教师可以根据课文具体内容张挂山川景物、名胜古迹、名人书法等字画，给学生以直观的认识，从而让学生更好地领悟课文的精髓；在美术课上，教师可以让学生动手画出自己喜欢的图画，譬如指导学生画自己的家乡，将自己的家乡用色彩绘画出来，并写点简短的说明文字，在班内互相交流，这样不仅能够激发学生的学习积极性，而且能够培养学生热爱家乡的情感。

（2）上"有声"课，是指课堂教学要有音乐的功效，具备宫、商、角、徵、羽五音的听觉享受，创设和谐的学习氛围，触发学生鲜活的求知欲。

教师在课堂教学时可以运用朗读磁带、配音课件、欣赏音乐等多媒体进行课堂教学，增强课堂的活泼气氛，提高课堂教学效果。可利用适当的课时听音乐、欣赏歌词，从中感受生活的美好。譬如听校园歌曲《乡间小路》，让学生在欣赏美妙旋律的同时，感受歌词的淳朴美。"走在乡间的小路上，暮归的老牛是我同伴。蓝天配朵夕阳在胸膛，缤纷的云彩是晚霞的衣裳……还有一支短笛也在吹响。笑意写在脸上，哼一曲乡居小唱，任思绪在晚风中飞扬。多少落寞惆怅，都随晚风飘散，遗忘在乡间的小路上。"听着这样的歌曲怎能不让学生浮想联翩呢？又怎能不让学生感受到生活的美好呢？当然也会自然而然地激发起学生的学习兴趣。

（3）上"有情"课，是指课堂教学要有诗词的韵味，充沛的情感。常言说"人非草木，孰能无情？"教师首先应带着一颗充满情感的心登上讲台，精神饱满地讲授每一节课，以自己的真情感染学生的真情。

2. 课外阅读，催发兴趣

"问渠那得清如许，为有源头活水来。"渠水的鲜活清澈，正是因为有源头活水的不断注入。教学中的阅读就是学生学习兴趣的源头活水，教师在传授教材内容的同时，要注意加强对学生进行拓宽阅读的训练；要让学生这渠水蓬勃鲜活起来，必须为其注入丰富鲜活的"活水"，即知识底蕴。如果教师只是照本宣科地讲教材，势必束缚住学生灵动的思维，扼杀了学生积极的创新意识。

而拓宽阅读就像催化剂一样，催动学生的心灵，打开学生的视野，激发学习兴趣；让学生从"井底"中跳出，由"青蛙"转变为"天鹅"，放眼看世界、看宇宙、看人生，进而培养学生良好的学习习惯。

拓宽阅读的方法有多种类型，笔者认为，最有效的莫过于建立"班级图书角"，每个学生每学期向班级捐献一本书，书后附上自己的读书心得，班级定期举行读书活动。这样一个学期下来，每个学生至少可以阅读四五十本书，达到资源共享的良好效果。

当然，在学生阅读过程中，教师要给以正确的指导，并做好定期的抽查，如查阅读书笔记、询问阅读情况、适当做阅读讲座等。这样，学生边阅读，边整理笔记，天长日久就会积累丰厚的知识，为以后的学习打下坚实的基础。

3.展示才华，点燃兴趣

针对学生活泼好动、喜欢表现，有强烈的好奇心等特点，教学中教师应该为学生创造展示才华的平台，让颗颗纯洁的心都划出闪亮的火花，点燃兴趣之烛，让每一位学生都有表现自我、秀出自我的机会，让每一份真情都能够自然而然地释放出来。例如：举办诗歌朗诵会、辩论会、故事演讲会；加强美文诵读、培养良好的晨读习惯等。

教师在教学中，一定要突出学生的主体地位。学生掌握知识的多少，不仅取决于教师传授知识的多少，而且取决于教师传授的良好的学习方法，激发起学生的学习积极性、趣味性。

苏联教育家苏霍姆林斯基曾说："教学的依据是学生的兴趣、动机和渴望。"因此，培养求知欲，激发兴趣，变苦学为乐学才是人性化的教育教学，才能培养出有创造性的人才。

情境，让学生乐在其中

国家教育委员会原副主任柳斌说过："'情境教育'的好处是把教材教活了，把课堂教活了，把孩子们教活了，把教学过程的育人功能充分地体现出来了。"所谓"情境教育"，实际上就是教师充分创设有效的情境，将知识的授受在相关的情境中进行的课堂教学模式。

捷克教育家夸美纽斯说过："教育就是把一切事物都教给一切人类的全部艺术。"教学是科学，更是艺术。在教学活动中，教师应该综合利用语言、姿势、音乐、图片等教学手段，创设教学情境，以"物"激"情"、以"情"发"辞"、以"辞"促"思"，进而激发学生的学习情绪，使学生在轻松愉快中，探究天地奥秘、事物规律。

情感是上帝赐给人类最珍贵的礼物，如果说理性是冰冷的，那么情感就是温馨的。情感促进理性的发展和完善。学生对知识的掌握，不仅仅受制于理性的思维活动，更受制于情感的积极辅佐和配合，而一定的情感总是和相应的情境联系在一起的，特定的情境能够激发人的情感，从而促进学生的学习。

相对于课堂教学中的枯燥和沉闷，有效的情境好似一缕清风，可以让学生神清气爽、耳目清新、心情愉悦，在不知不觉中掌握抽象的知识；相对于课堂教学中的教师必须遵循的"规矩""方法""技巧"，情境的创设，可以有效地还原知识产生和应用的场景，找到知识的源头，让学生学得踏实，学得彻底，达到"学以致用"的境界。

让我们的教师一起来探讨如何创设有效的教学情境，让课堂充盈着生活的气息，充盈着生命律动的气息，充盈着轻松愉悦、其乐融融的气息。

简约的情境，精彩的课堂

——华应龙老师"圆的认识"教学片段赏析

前不久，我聆听了华应龙老师执教的"圆的认识"一课，深深地为华老师精湛的教学艺术、"大气"的教学设计所折服。尤其是华老师创设的"小明寻宝"的教学情境，它简洁、深刻、清晰、流畅，成就了精彩课堂。

一、课始

师：（很神秘地）小明参加头脑奥林匹克的寻宝活动，得到这样一张纸条：宝物在距离你左脚3米的地方。（稍停顿）你手头的白纸上有个红点，这个红点就代表小明的左脚，想想：宝物可能在哪儿呢？用1厘米表示1米，请在纸上标示出你的想法。

（学生独立思考，并在纸上画着……）

师：刚才我看了一圈，同学们都在纸上标示出了自己的想法。（同时课件演示）宝物可能在这——3米

师：找到这个点的同学请举手（几乎全班学生都举手）。还可能在其他位置吗？

（学生纷纷表示还有其他可能，教师用课件依次出示2个点、3个点、4个点、8个点、16个点、32个点，直到连成个圆）

师：（笑着）这是什么？

生：（有的惊讶、有的惊喜）圆！

[赏析] 华老师让学生用笔在白纸上标示出小明的宝物可能在的位置时，每个学生根据自己原有的知识经验，通过独立思考，都会有自己的答案。他们中的大多数开始都没有想到这个宝物可能会在以小明左脚为圆心、半径为3米的圆上，他们是在自主思考、探索的过程中，逐步从宝物可能会在点上（全班每个学生都能想到），进而想到可能会在2个点上、4个点上、8个点上、16个点上……最后有10多个学生想到小明的宝物可能会在一个圆上。这样的情境让每个学生都能在原有的经验基础上进行积极的思考，引发学生强烈的探究欲望，渐渐切入问题的本质。

二、课中

师：为什么宝物可能在的位置就是这个圆呢？

生：因为宝物所在的位置是以小明左脚为定点旋转一圈，所以宝物所在的位置是个圆。

生：因为纸条上并没有明确指出宝物在离左脚3米的哪个地方！

师：要圆满地回答这个问题，需要知道圆有什么特征。想想，圆具有什么特征呢？

生：圆有无数条直径和无数条半径。

生：我觉得圆的特点是圆心到圆上任意点的距离都是相等的。

师：我们要了解新学的一个图形有什么特点的话，应该与我们以前学的图形做比较，因为有比较才有鉴别。

（课件出示：圆、正三角形、正方形、正八边形、正六边形，引导学生从边和角两个角度去比较圆与这些图形的区别，引导学生探究出圆的特征："圆，一中同长也"。）

[赏析] 究竟什么是圆的特征？每位老师都有不同的思考和侧重点。圆是个封闭的曲线图形；在同圆中，圆的半径有无数条，半径都相等，直径有无数条，直径都相等，直径是半径的两倍等都是圆的特征。在时间有限的课堂中如何让学生掌握圆最本质的特征，华老师做了取舍，以我国古人说的"圆，一中同长也"作为圆的特征，通过将圆与正三角形、正方形、正八边形、正六边形进行比较，激起学生思考探究的欲望，唤起学生强烈的情感体验，加深对圆的特征的理解。

三、课末

师：请看——"宝物距离你左脚 3 米"，宝物定在以左脚为圆心，半径为 3 米的圆上吗？

（板书：一定这样吗？学生陷入紧张的思考，没有人举手。老师出示半个西瓜的图片，很多学生恍然大悟，马上举起手来。）

生：宝物也有可能在地下、西瓜皮上。

生：也有可能在上面，在树枝上。

生：以左脚为球心，半径是 3 米的球上

[赏析] 华老师以科学家爱因斯坦的一句名言："我没有什么特别的才能，不过喜欢寻根刨底地追究问题罢了"，引导学生思考，宝物定在以左脚为圆心、半径为 3 米的圆上吗？引导学生探究出，宝物可能在以小明左脚为圆心，半径为 3 米的球上，进而认识到球也是"一中同长"，而在平面图形中，一中同长的只有圆。将学生的认识引入立体图形的领域，拓宽了学生的思维空间，让学生带着问题走出课堂。

[整体赏析] 有人曾对多位数学名师的多节经典课进行过统计，发现 60 % 以上的课堂教学的素材用量（或者说是"题量"）均比较少。但是，

他们凭借对较少素材的灵活变化和高效使用，创造出了生动、精彩、充满张力和活力的课堂。同样，华老师在这堂课中巧用"小明寻宝"素材努力做到一"材"多用、一"材"多问、一"材"多效。这样，既保证了教学的连贯性、流畅性和简约性，又减少了无关因素的干扰，凸显了研究主题，这样的课堂，教学的结构和层次清晰，课堂教学的动感和韵律也就自然而然地显现出来。

一位老者告诉一个年轻人，说自己可以一次吃下15克食盐，年轻人不相信，于是老者拿来15克食盐，放在一锅烹煮的肉汤里，而后看了看年轻人，不发一语，面带微笑。年轻人愕然，随即莞尔。

这当然只是一个小幽默，笔者在这里想说的是，其实情境之于知识，也恰似肉汤和食盐，本来难以下咽的食盐，放在肉汤里，就成了美味。知识也是如此，恰当合适的情境，可以将知识"稀释"，变得易于被人接受。

相关研究证明，只有当学习的内容被设置在一定的情境中时，学习者才能体会到学习情境的意义，才能做到将所学知识在其他情境中进行再应用。只有在真实情境中获得的知识和技能，学生才可能真正理解和掌握。

现代认知观把学习视为知识的建构过程。学习的过程不只是被动接受信息，更是理解信息、加工信息、建构知识的过程。这种建构过程总是在一定的情境中，通过新旧经验的相互作用实现的。适宜的情境可以提供丰富的学习材料和信息，有利于学生了解问题的前因后果和知识的来龙去脉，有利于学生主动地探究和发散地思考，从而有利于学生认知能力、思维能力的发展，使学习达到比较高的水平。

英国学者布朗等人认为，知识是具有情境性的，而且是其被应用于文化、背景及活动的副产品。学习者、知识和知识在其中得以应用的活动三者之间是紧密联系不可分割的整体，而情境可以促进知识技能的体验和链接。因此，教学情境的功能是不容忽视的，教学情境在课堂教学中的地位是应该引起人们足够重视的，我们有充分的理由认为，一个教师，如果他想让自己的课堂教学具有更高的效率和价值，那么他就不能忽视有效教学情境的创设。

教学情境是课堂教学的基本要素，创设教学情境是教师的一项常规教学

工作，创设有价值的教学情境则是教学改革的重要追求。

1. 和谐施教，创设愉快学习情境

心理学研究表明，当师生感情融洽时，学生思维的大门成开放状态，思维活跃，反应敏捷。而当师生感情不融洽甚至对立时，其思维的大门成封闭状态，甚至排斥从教师那里发出的信息。这就要求教师要从爱生出发，尊重、公正、平等地对待每一个学生，保护和爱惜他们的身心健康，让每个学生都感受到师爱的温暖，这样学生才能以良好状态投入学习中。

在教学中，教师应"放"下架子，"蹲"下身子，与学生一起去探究、去发现，建立师生真正平等对话的平台，教师要由课堂的主宰者、操纵者，成为学生学习的组织者、引导者、参与者，为学生创设民主、和谐、平等、愉悦的学习氛围。

2. 运用生动的语言描述，创设情境

教师抑扬顿挫、声情并茂的描述可以吸引学生的注意力。例如，一位教师在教学《凡卡》一文时，这样设计导言：100多年前，由于沙皇政府的残酷统治，社会非常黑暗，无数破产的农民被迫流入城市谋生，深受老板的剥削压迫，连儿童也不能幸免，文中的主人公凡卡就是被爷爷送到城里一家鞋铺当学徒的童工，那时他才9岁，比同学们还小，本应该像你们一样坐在教室里学习，在亲人的呵护下生活。然而，他却没有你们的一切。那么凡卡的生活和心情怎么样呢？然后引入新课，这样学生很自然地会被带进教师所描述的情境中去，激发起探究的兴趣。

3. 创设问题情境，提高学习兴趣

教学中我们常常有这样的体会，教师若能选择好时机创设问题情境，学生的兴趣就会提高，因为包含未知因素的新问题能刺激学生的认知冲突，能在学生中引起认识上的争论，促使学生进一步探究，使其产生一种内在的求知欲。所以，我们在课堂上要有目的地巧设问题，形成不同的问题情境，引起学生认识上的矛盾，造成一种积极的"心理紧张"。这是发展学生兴趣，加强学生思维训练的一个好方法。

创设问题情境，培养学习兴趣，目的不仅在于激励引导学生努力学习，积极进取，而且要创造机会让学生表现，让学生获得成功，这一点对增加学生积极的体验极为重要。因此，教师可充分利用情感这一非智力因素，引导

学生在质疑、解疑、释疑的过程中，增强自信心，强化学习意志，产生进一步提高自己的愿望。

4. 绘画、讲故事，创设情境

绘画、讲故事是学生很感兴趣的活动，对学生具有特别的吸引力，教师可投其所好，运用这种方法，给学生创设一个宽松、充满情趣的情境。例如：在开展《鸟的天堂》一文中关于众鸟活动场面的一段教学时，一位教师就让学生自己想象着画几种鸟，学生兴趣盎然，不一会儿，就画出 20 多种鸟，学生通过绘画，知道了鸟的天堂里鸟的种类多、数量多，是名副其实的鸟的天堂；在进行成语故事《画龙点睛》这一节的教学时，教师首先应绘声绘色地把这则故事讲给学生听，使学生迅速进入兴奋状态，这时他们争先恐后、兴致勃勃地按要求学习短文，练习讲故事，还有的学生把自己课前搜集的成语故事《螳螂捕蝉，黄雀在后》《出人头地》等讲给同学听。这样，在轻松的氛围中，学生不仅完成了学习任务还学到了课外知识。

5. 让学生参与表演，创设情境

愿意表演、乐于参与是学生的天性，学生通过观看、参与表演，既能激发说话的兴趣，又能丰富说话的内容，在课堂上，我们可以根据课文内容让孩子有机会尽情施展自己的才能。如在上口语交际"当小记者"一节时，教师首先应让学生畅谈怎样才能当一个合格的记者，然后让学生自由组合轮流当小记者，一人可采访一人，也可采访多人，可多人采访一人，还可以采访老师。这样一节口语交际课学生表演得生动形象，谈得轻松愉快，增加了老师与同学之间的了解，又锻炼了语言表达能力。

6. 让学生动手操作，创设情境

学生对事物的认识是从具体到抽象，由感性到理性的过程，在教学中让学生动手操作，可以提高学生动手动脑，并感受创造的乐趣。例如：在"长方体的表面积"一节教学中，教师应让学生课前自己动手做长方体，课上小组讨论求表面积的方法，并求自己准备的长方体的表面积；在"长方体的体积"一节教学中，教师可以让学生学习用土豆、萝卜做一些长方体，上课时，把这个长方体切成棱长一厘米的小正方体，进而推导出长方体公式，在课堂上让学生动手操作，自己发现问题，自己解决问题，比教师讲解、演示要好得多。

7. 扩展想象，创设情境

这种方法在培养学生的想象力和创造力的同时，也培养了学生的表达交际能力。例如，在《学弈》一文教学中，在学生理解了课文意思，明白了课文所讲述的道理后，教师可以创设这样的情境："两个人同样跟弈秋下围棋，学习态度却不同，那么他们的命运会如何呢？请同学们当一回导演，为文章编一个结尾，或加上想象编一个完整的小故事。"话音刚落，学生兴致高涨，纷纷举手讲故事，或续编结尾，需要注意的是，扩展想象一定要尊重学生的想法，原则上要予以肯定，而不能用"可行性""科学性"等去限制或否定学生，因为学生的思维火花是稍纵即逝的。

总之，教师要根据学生特点和学科要求，运用各种手段创设学习情境，使学生在欢乐的气氛中学习知识，在潜移默化中培养能力。

教师，请不要吝啬你的赞美

美国著名小说家马克·吐温曾说："只凭一句赞美的话，我就可以快乐两个月。"美国著名心理学家威廉杰姆也说："人性最深层的需求就是渴望别人的欣赏和赞美。"由此可见，赞美对于人的情绪有多么大的影响。因此，教师，请不要吝啬你的赞美，就像太阳不会吝啬自己的光芒那样。

很明显，作为教师，我们应该学会赞美学生，乐于赞美学生，从而激发学生学习的积极性，提高教学效果。但是我们赞美学生一定要恰当，要准确而真诚地去赞美学生，只有这样才能使学生明确自己的长处和优点，从而激起进取心。

古人说："良言一句三冬暖。"赞美学生，可以让学生获得情融融、意切切的心灵感受，这种感受会转化为积极向上的原动力，燃起学生的希望之火，唤起他们的进取心。正如丘吉尔所言："你想把他培养成什么样优秀的人，你就怎样去赞美吧。"

周弘和他的赏识教育

周弘是中国南京市人，中国青少年研究中心赏识教育研究室主任，南京婷婷聋童学校校长。用赏识教育法教育自己失聪的女儿，使之成为中国第一位听力障碍大学生。他用赏识教育改变了成千上万健全孩子的命运。其著作《赏识你的孩子》一书一出版即风靡全国。

这是一个催人泪下的故事，许多人很难想到在这样一个故事中竟然有两个传奇：从小双耳失聪的周婷婷在父亲的教育下16岁成为大学生，并被美国加抗德特大学录取为研究生——第一个中国失聪研究生；而仅初中毕业的父亲不仅办起了"婷婷人中人聋儿幼儿园"，而且还提出了全新的"赏识教育"理论。

周弘是1967年的初中毕业生，当过兵，当过翻砂工，当过南京机床技术员。

1980年6月27日，他的世界被彻底改变了，因为他有了一个不普通的女儿——一个双耳失聪的女儿。失聪在全世界都是康复禁区，唯一的出路是

上聋哑学校。

周弘深深体会到失聪人父亲的痛苦,来看病的孩子或多或少都有些听力,只有婷婷是双耳失聪,只能听到 100 分贝以上的声音。有的失聪孩子的父亲在听到医生"宣判"后,还会抱有一丝期待,周弘则是抱着孩子,不敢看孩子的眼睛,他全身颤抖,一路抱着孩子回了家。他说自己这辈子没混好,本指望孩子有出息,但是……他绝望了。

婷婷像别的失聪儿童一样自卑,来客人时像小动物一样躲在桌底下。小时候,直到哭昏过去,大人都无法知道她要干什么。彻底改变周弘的是一部关于父爱的电视剧。剧中主人公为了有 1% 生存可能的女儿,付出了无尽的父爱,而自己的女儿不过是双耳失聪。生命是脆弱的也是美丽的。他下定决心要为女儿打开有声世界的门。

一开始周弘走的是"治疗失聪"的路子,边给孩子治疗,边读教育学方面的书籍。婷婷的耳朵挨了一万多针,结果没有一点起色。于是周弘开始治哑。一次背着 3 岁的婷婷,一路看着路灯一边不停地向婷婷耳朵大喊:"灯——"见一个喊一个,而为了发准"哥"这个音,婷婷学了 3 年。

语言是思想的基础,虽然女儿听不见,但是视觉特别好,于是周弘开始教女儿文字学习。除了上班,周弘将所有的时间都放到了婷婷的教育上。

周弘发明了母语玩字法,他把对女儿说的每一句话写在墙上、地上、桌子上、身上、手上。看见星星就写星星,看见孩子哭就写哭,每次到大自然中玩,父女俩都玩得满身是字回来,虽然他从不问孩子认了多少字,语言却进入孩子的潜意识。

正是因为失聪儿童反而更依赖文字,婷婷靠着这根绳索终于来到了光明的声音世界,也开发了心智。在普通的小学,婷婷连跳两级。

在婷婷的教育过程中,铃木镇一的《儿童早期教育》对周弘产生了重大的影响。"让孩子幸福,你就必须处于幸福状态,让孩子自信,你必须自己自信。"无尽的父爱让周弘改变了:"哪怕天下所有的人都看不起你的孩子,做父母的也要眼含热泪地欣赏他、拥抱他、赞美他,每个孩子的生命都是为了得到父母的赏识来到人间的。你的孩子是世界上最美好的。"根据口型发音的婷婷说话有些古怪,她担心地问爸爸:"我的声音好听吗?"周弘笑了:"你的声音好像一串串珍珠,棒极了。"

周弘将美国天才儿童行为表贴在台板上,你看,你符合天才儿童的第一条,读书废寝忘食,"孩子,你不是天才谁是天才?"

当 8 岁的婷婷背出圆周率 1 000 位时，周弘说："你就是天才，这就是证明。"

当婷婷有一次数学不及格时，周弘笑着说："太好了，你不是要当海燕吗，现在暴风雨来了。"

每篇作文，周弘都用红笔将好句子画出来让婷婷高声朗读，让全家热烈鼓掌，周婷婷高兴得梦中都想好了句子。

周弘说他也许是中国第一个觉醒的父亲。"不是我教育了孩子，是孩子教育了我。对于每个父母来说这样的机会只有一次。因为我们无法教育自己，成年人被破坏了，我们受到的教育是苦难的教育，这使我们对任何事物都从负面考虑，对苦难的想像力无限放大，这不准那不准，任何事物都往坏里想，我们对美好的事物的感受力没有了，而童心是任何事都往好处想……和女儿在一起我一点点成长，我将生命中最美好的东西拣了回来。我是世界上最幸运的，不幸跌了一跤，有幸拣了一个宝"。

将女儿看成是天才，并真诚地去赏识她、赞美她、鼓励她，是周弘教育孩子最大的特点。

"在教育婷婷中的最大体会是赏识自己的孩子。"周弘说，"没有种不好的庄稼，只有不会种庄稼的农民，中国的孩子受的是物质的溺爱，精神上的挫折教育。我们总是拿孩子和别人比较，忘记了孩子的优点。"

在这些思想理念的培养下，周婷婷创造了一个又一个奇迹。

婷婷在 6 岁就认识了 2 000 多个汉字，进普通小学，并跳了两级；8 岁背诵了圆周率小数点后 1 000 位，打破了当时吉尼斯世界记录；曾被评为全国十佳少先队员、全国残疾人自强模范；16 岁成了中国第一聋人少年大学生，20 岁被美国加抗德特大学录取为研究生——第一个中国聋人研究生；在人民大会堂 7 000 人的表彰会上做了精彩的发言，引起轰动。

人称婷婷"神童""超常"，周弘则清醒地知道女儿只是普通的孩子，只要教育得法，所有的孩子都可以超出正常的发展，而正常的孩子往往因为种种的压抑没有达到应有的高度。这种观点与威特的天才教育法不谋而合。

婷婷成功了，但是这套方法是否具有广泛的适应性呢？是否能够培养出第二个、第三个婷婷呢？

"婷婷是了不起的孩子，别的孩子也是了不起的；婷婷能做到的，别的孩子也能做到！"周弘把婷婷看作是一棵树，他从这棵树上看到了一片森林，于是创办了南京婷婷聋童学校，向全国招生。

学校实行的是"追蝴蝶"的教育法，学校的标语只有："老师你快乐吗？孩子你快乐吗？祝你们时时快乐日日好心情。"没有上下课，流动的课程完全根据学生心情兴趣而定，玩数学、玩语文、玩鸭子，是混沌灵性教育。

经过几年的发展，这些失聪儿童创造了一又一个奇迹，长成了一棵棵参天大树，出现了一批批周婷婷式的早慧儿童，被媒体称之为"周婷婷现象"。

一个周婷婷的出现是奇迹，一个又一个周婷婷的出现是希望。失聪儿童尚有如此潜力，为什么多一双耳朵的孩子却爬得这么慢、这么累呢？

这一现象震撼了许多健全孩子父母的心灵，他们纷纷上门取经，结果不仅出现了一个又一个早慧儿童，而且许多在绝望中苦苦挣扎的所谓"差"生，很快燃起了希望之火，命运产生奇迹般的变化。

了解周弘的人，无不为他那伟大的父爱所震撼，正是这份感人至深的爱，驱使周弘父女顽强地与命运抗争，使周弘由一个普通的、曾经羡慕所有父亲的父亲，成了改变千千万万家庭命运、孩子命运的教育专家，使婷婷由一个自卑自怜、令人同情的失聪孩子成长为一名自信自立，处处给别人带来快乐的大学生。原本备受命运嘲弄的父女，反而更多地享受了生命成长的快乐。

从一个周婷婷的成功到一批周婷婷式的早慧失聪儿童，从听障孩子的成长到健康孩子的转化，从孩子心灵的舒展到家长心态的回归。周弘在不断发展自己，他的事迹也得到社会广泛的关注。在这个过程中，周弘开始了对中国的教育方法和教育体制的思考。

学校本应是知识的海洋，学校生活应使孩子的眼神越来越有智慧之光，而现实的大部分学校却往往导致：

不少孩子上学后，亮晶晶的眼睛反而变得暗淡无光。

不少上学前能问十万个为什么的孩子，上学后竟连一个为什么也问不出来。

上学前个个都有"自己是好孩子"的感觉，上学后却往往被"坏孩子"的自我感觉替代了。

求知本是人间最大的快乐，多数上学后的孩子却感到学习是一种无尽的苦难。

有没有一种让所有孩子像追蝴蝶一般，如痴如醉、流连忘返的教育方法呢？

周弘陷入了沉思。他在教育实践时，通过演讲和报告会与热衷于教育事业的人士进行了广泛的交流。

全国十大杰出教师、全国劳模、陶行知式的教育家杨瑞清听了周弘的一场报告，非常激动，与周弘进行了彻夜长谈。

他们谈话的主题：用什么样的语言来恰当表达心中早已认定的教育理念，概括这一系列成功的教育实践。

当今社会是学习化的社会，只有终身学习才能生存。于是联合国教科文组织提出了"学会生存"的理念。

面对日趋严重的道德危机，联合国教科文组织提出了"学会关心"的理念，引起了教育界极大的关注。

当今中国在应试教育的重压下，无数家长、孩子充满了抱怨、焦虑，是否应该大声疾呼"学会赏识"？

一缕曙光驱走了心中的黑暗，照亮了一片清澈的前程。赏识教育诞生了！

赏识是沟通，是平等，是生命之间交往的桥梁。让孩子找到好孩子的感觉，还孩子金色的童年。

赏识教育是每位家长本来就有，却未曾发现，都本能使用过，无意中又遗忘的教育；是让家长捡回宝藏，回归到教孩子说话学走路心态的教育；是承认差异、允许失败的方法，是让家长成为教育家的教育；更是使孩子舒展心灵、尽展潜能的教育。赏识教育是让家长走进孩子心灵，走出教育误区的教育；是让家长孩子生命和谐、两代人成为朋友共同成长的教育；是家长在享受中教，孩子在欢乐中学的教育；是让孩子天天快乐、家长日日赞叹的教育。

赏识用老百姓的话就是"侃侃而谈得起"，对孩子而言，就是"你真棒，你真行"。这是让孩子快乐成长的奥秘。

因为没有赏识，就没有教育。

在"行"的教育理念中，典型的教育语言是太好了、你真棒、你能行。典型的教育动作是竖起大拇指、鼓掌、拍拍肩膀、握握手。赏识教育的形象标志便是拟人化的大拇指，面对大拇指孩子心灵舒展，发出了会心的一笑。

关于赏识教育，周弘说过许多这样动人的话：

在爱的海洋里，在和女儿学习、游戏的乐趣中，我发现了我认为是世界

上最好的教育方法，用这种神奇的教育方法我把女儿培养成了所谓的"神童"。教育女儿的传奇经历，令我激动，生命像火一样燃烧。大家肯定关心，是什么灵丹妙药让一个听障孩子成为"神童"？我讲了以后你们一定会恍然大悟。

这是一种最神奇，也是最普通的方法，一种最新鲜，也是最古老的方法，是我们家长本来就有的却没有发现，本来使用过却无意中又遗忘的方法。所以，我经常对家长讲"父母曾是教育家，捡回您遗忘的宝藏"。从你自己身上挖掘你曾拥有的宝藏，你的孩子一定会有欢乐、美好的明天。

因此，赏识教育是承认差异，允许失败的教育；是充满人情味和生命的教育；是让孩子热爱生命、热爱时代、热爱大自然的教育；是肯定的教育。

赏识就是赞美，就是翘起大拇指，就是帮助学生在内心深处树立一座自信的高山，有了这坚毅如高山般的自信，学生便可以披荆斩棘，勇往直前。相信孩子的力量是无穷的，只要他真的愿意去做一件事，而且有信心做好这件事，那他就一定能做好这件事，因为任何所谓的困难，在生命所爆发出的能量面前，都是微不足道的。

"跌了一跤，捡到了一个宝"，这是周弘对自己经历的最简单的表述，也是最丰富和最凝练的表述，他在女儿身上所创造的教育奇迹，让我们不得不相信，赏识、赞美就是宝，一个可以散发无穷教育魅力的宝。

苏霍姆林斯基曾说："每个学生都是一个完全特殊、独一无二的世界。"但是，在不同学生的内心深处，有一点却是相同的，那就是他们都有被人赏识的渴望。赞美就是一种赏识教育，是一种感情投资，是催人奋发向上、积极进取的"爱"的教育。因此，教师，请你不要吝啬赞美，因为赞美是春风，它使人温馨和感激；请不要小看赞美，因为赞美是火种，它可以点燃心中的憧憬与希望。作为一名教师，如能时时以饱满的精神、欣赏的眼光、鼓励的话语对待学生，必能起到"随风潜入夜，润物细无声"的作用。

赞美是一种极为有效的教育手段。

作家达尔科夫孩提时代是个极为胆怯、害羞的男孩，他几乎没有什么朋友，对什么事都缺乏自信。一天，他的老师布劳奇布置学生给一篇小说写作文。今天他已无法回忆他写的那篇作文有什么独到之处，或者老师给的评分究竟是多少，但他至今仍清楚地记得，而且令他永生不忘的是布劳奇老师在

他的作文的页边空白处写了四个字："写得不错"。这四个字竟改变了他的人生，他说："在读到这些字以前，我不知道我是谁也不知道将来干什么，但读了他的批注后，我就回家写了一篇短篇小说，这是我一直梦寐以求，但从来不相信自己能做的事。"在中学剩余的日子里，他写了许多短篇小说，经常将它们带给布劳奇老师评阅。在老师的不断鼓励下，达尔科夫成了中学报纸的编辑，他的信心增加了，视野扩大了，他开始了一种充实的生活，并最终成了一名作家。

因此，教师，请相信赞美的力量，请不要吝啬你的赞美，请学会赞美！

1. 美的是行为，而不是人格

一位哲人说过："只有真实的赞美才能最打动人的心灵。"所以，教师对学生的赞美要实事求是。不要单纯地对孩子说："你真棒！""你是个好学生"之类的话，因为这会让孩子觉得他各方面都做得很好了，而这是很不现实的，赞美是为了增强孩子的行为，所以你必须特别强调那些使你满意的具体行为，你的赞美越具体，孩子对哪些是好的行为就越清楚，遵守这些行为的可能性就越大。如果一位学生早晨起床，穿戴整齐后，然后开始整理床铺，你跟他说："看起来挺不错的！"孩子就弄不清楚你说的"挺不错"是指他的"衣服"还是"床铺"。

2. 抓住学生的特长去赞美他

一位教师的班上有一位小朋友，特别的调皮，总是不能很好地遵守宿舍的纪律，但这位教师发现他的生活自理能力很强，不管在整理内务、卫生和生活习惯上，都称得上是同学的楷模。当这位教师看见他比解放军的"豆腐块"叠得还漂亮的被子时，他便情不自禁地夸他："被子叠得太漂亮了！真了不起！"然后这位教师又找到他，在赞美的同时指出他的不足之处，希望他在其他方面的表现也会跟叠被子一样出色，后来这位学生也收敛了许多，不会像之前那样大吵大闹了。

抓住特长去赞美学生，学生会感到一种满足，会全面地审视自己，会意识到自己也有所不足，也较能接受别人的意见，产生逐渐完善自己的愿望。

3. 称赞学生每一个微小的进步，并做到及时称赞

学生的每一个微小的进步都要及时给予称赞。比如，学生今天床铺整理得较好，饭吃得较干净，教师应该立即表扬肯定进步，这样会让学生认为老

师时时刻刻都在关注着他。如果学生认识到只有他表现得很好，才能得到老师对他的注意，他们就会尽量表现得更好以得到老师的赞美。

4. 教师要根据赏识的原则去赞美学生

"赞美"的教育其实就是赏识教育。"信任、尊重、了解、激励、宽容、提醒"是赏识的六大原则，掌握了这些原则，才能更好地赏识学生。

信任：教师要相信每一个学生，相信他们有各自的长处、优势。只有教师无限的信任，才能激发孩子"天生我材必有用"的自信与自强。

尊重：教师应该与学生保持平等的关系。只有尊重学生才会了解学生的天性和爱好，了解他们的心理需求。

了解：知己知彼，方能百战百胜。教师只有了解学生，打开学生心灵的闸门，教育自然得心应手。

激励：每一个学生都有长处，一经教师激励就会闪闪发光。

宽容：对学生的长处要及时激励，对短处则要宽容。

提醒：对学生的缺点要宽容，并非不管。教师应该站在朋友的角度，心平气和地提醒学生、鼓励他们改正。

教育无痕，润物无声

教育，是一种环境，一种需要教师运用机智和智慧去精心创设的环境。直白的、大张旗鼓式的教育也许仍不可或缺，但潜移默化、润物无声式的教育，常常更具有实效、更具有魅力。

"教育无痕，润物无声"是教育的最高境界。"不露痕迹"的教育才是真正的教育。"将教育的意图掩盖起来"的真正的教育艺术，是一种充满人性化关怀的超凡的教育智慧。

教育工作拒绝疾风暴雨式的狂轰乱炸，需要的是春风细雨般的心心相印，春风细雨虽然看上去柔弱无力，但是"春雨贵如油"，起到了滋润万物的作用，是一种无声胜有声的过程，教育正需要这种无痕迹的方式。教育无痕是一种艺术，也是一种智慧。

苏霍姆林斯基曾说："在教育过程中，儿童越是觉察不到教师的教育意图，教育效果就越好。我认为这条规律是教育艺术的核心。"无痕的教育，融入生活，闪耀着教育者的智慧和艺术，是对孩子生活的观微知著，引发孩子的触类旁通和豁然开朗。

教育无痕，就如同那春雨的滋润，润物无声，阳光雨露、潜移默化……一切都是那样自然，感受不出其形其声，没有布道的口若悬河，没有训导的正襟危坐，却早已渗入了心田。在体验中享受阳光，在滋润中享受雨露，在轻舞中享受春风。

教育无痕，润物无声
——记乳山五中政治老师洪俊刚

作为一名班主任，他甘于奉献，以情育人；作为一名政治老师，他锐意进取，精湛教艺。他就是乳山五中政治教师洪俊刚。

一、甘于奉献，以深情育人

无限的热爱，无限的追求，铸就了他对教育事业的无私奉献。在事业和家庭当中，他始终巴人生的天平倾斜于事业这边，全身心地投入教育教学工

作中去，个人得失，从不计较。作为一名高三政治教师，他深知需要强练内功，精湛业务，以不辜负学生的期待。即使是自由时间，为了心爱的学生，他常常自觉办公到很晚，春、夏、秋、冬，始终如一，他无怨无悔。

爱是教师的天性，作为班主任，他深谙"关爱"的价值，时刻以情感来关心、体贴学生。学生的忧愁就是他的忧愁，学生的欢乐就是他的欢乐。生活上无微不至：天冷了，提醒他们加厚衣服；学生病了，亲自为他们端水送药；下雪了，亲自为学生扫雪清路……对学生思想上、行为上、性格上的弱点丝毫也不放任，耐心揣摩他们的心理，细心呵护他们的自尊，广泛了解情况，溯根求源，动之以情，晓之以理。

二、润物无声，践行无痕教育

教育的前提是尊重，洪老师对学生总是用"润物细无声"的潜移默化，去唤醒学生的自尊，践行"无痕的教育"。当学生有过错时，他总是想方设法，用"无痕"的教育给学生以良性的教导。在呵护与引导中显示强大的威力，他从不伤害学生自尊，更不会引来抵触情绪和逆反心理。苏霍姆林斯基曾说："造成教育青少年的困难的最重要的原因，在于教育实践在他们面前以赤裸裸的形式进行，而处于这个年龄段的人，就其本性来说是不愿意感到有人在教育他们的。"他的教育方法不正体现这一教育理念吗？他曾经有这样一个学生，非常聪明，基础也不错，但诸多原因，学习态度不够端正，厌学情绪比较重，上课经常"开小差"。了解这一情况后，一次政治课上这名学生居然埋头大睡，洪老师并没有生气，没有呵斥，而是轻拍其背，悄声问："不舒服吗？需要我带你去看医生吗？如果确实困了，可以打个盹儿，以免影响下一节课，甚至一整天的学习。"一句看似不经意的问话，让学生惊呆了，从学生惊讶的眼神中，他看到了一种莫名的感动，更有一种无言的敬畏。他知道学生已经意识到：老师在关注他、关爱他。从此，这名学生以崭新的面貌活跃在课堂上，经过努力，成绩跃至班级前列。这名学生曾对他说："老师，学习上，你对我们严格要求，我们敬您；生活中你给予了我们父母般的关爱，我们更爱您。"

在无痕的教育中，学生的自尊得到了呵护，懂得了什么是尊重，什么是平等，切实体会到了独立人格的尊严和老师的拳拳爱心。教育无痕，润物无声。虽然无痕却有着惊人的力量，如无声处听惊雷。但在心与心的对话中，学生醒悟了；在心与心的碰撞中学生的思想升华了，灵魂净化了，成绩提高了。

事实证明，无痕教育加强了他与学生的情感交流，保护了学生的自尊，提升了学生的自信，激发了学生的进取心，收到了良好的教育效果。是啊，记不清多少次使学生从泪眼婆娑到心悦诚服，记不清多少回让学生从桀骜不驯到幡然醒悟。

三、创新教法，精湛教艺

在政治教学中，洪老师始终面向高考，立足"双基"，着眼于基础知识的理解掌握和基本能力的培养，逐步提升学生的内在素质。围绕加强"双基"教学，他精心备课，注重提高课堂效益。

洪老师特别重视备课。只有备课充分，上课才能自信，从而驾轻就熟，挥洒自如，一气呵成；也只有备课充分，才能更好地以自己精彩的课堂设计吸引学生，激发兴趣，调动学生积极性，激活学生思维，从而增强课堂实效。因此，每一堂课他都力求一丝不苟，精益求精。对于备课，他潜心研读教材、课标、教参，与同仁共同研讨，开阔思路，完善设计，力求将每节课的内容烂熟于心、层次清晰、重难分明、详略得当，明确主攻点，从而做到课堂上的行云流水、游刃有余。

鉴于政治学科与现实生活、社会热点紧密相连的特点，闲暇之余，他经常上网浏览信息，有选择地下载一些与课本知识相关联的生活素材及时政热点，对中央电视台的《朝闻天下》《新闻30分》《焦点访谈》等优秀新闻栏目特别留心，及时汲取最新热点，以丰富自己的资料库，随时应备教学之用。有道是"问渠那得清如许，为有源头活水来"。他将储备的材料加以浓缩，与课本知识紧密联结，保证了每一节课都能以最新的视角呈现给学生，以鲜活的素材激发学生，从而让学生兴趣倍增、思维活跃，让学生在生动的现实情境中去探究问题、品味知识、领悟方法、提升能力。在讲授文化传承与创新时，他运用了奥运文化、神州六号等优秀民族文化典范，引起了学生极大共鸣，让学生不仅感悟了中华文化之博大精深，领略了中华民族继往开来的创新精神，也升华了他们淳朴的爱国之情。在讲解人生价值时，给他们讲授感动中国十大先进人物事迹，使学生产生了强烈的思想共鸣，震撼了学生的心灵，在潜移默化中领悟人生的真谛，既理解了课本知识，又升华了人生境界。枯燥的政治课，经他的设计竟为学生所钟爱。

他更注重讲精课。为确保教贵得法，他坚持教师是"导演"、学生是"主角"的理念，并采取"四自主、一合作、一点拨"的教学法，即学生自主阅读探

究、自我整合联系、自我应用提高、自我领悟方法，合作解决疑难，教师有的放矢、点拨归纳。由于高考最终考查的是学生对基本知识的理解和基本能力的运用，因此他在教学中突出学生的主体地位，让学生在鲜活的生活情境中体验知识，在质疑问难中主动领悟方法，在合作探究中逐步提升能力。对教师的点拨、归纳，他始终坚持并积极践行的教学理念是"学习如游泳，下水的应该是学生自己，如果只是教师一味地讲解、示范，包办学生一切，却不给学生下水实践机会，那学生只能是旱鸭子，没有自己的思想，更难形成中流击水的能力。"

教育无痕，润物无声。辛勤的汗水，必然浇灌出丰硕的果实；无私的关爱，总会感化纯真的心灵。洪老师先后多次获得乳山市优秀班主任、先进教师等称号，并获省级优秀论文、市级优质课等奖励。

无痕的教育是一种艺术，是一种高超的教育智慧。大巧若拙，重剑无锋，天地有大美而不言，无痕的教育便是这样的一种教育境界。

案例中的洪俊刚老师，其对无痕教育的践行是以对学生的爱为基础的，是以刻苦钻研教育教学技巧为途径的。因此，从这里我们也可以看出无痕教育的另一个方面，那就是无痕教育有方法，但没有固定的方法，运用之妙，存乎一心，教师只有加强自己的学养、提升自己的技能，方能在平凡中显功夫，赢在不经意间。

很多的时候，无痕教育确实是这样一种与不经意间显露出的智慧。

美国著名成功学家卡耐基先生演讲之后回到办公室，他的秘书莫莉微笑着对他说："卡耐基先生，演讲成功吗？""非常成功，掌声四起。"卡耐基答道。"那太祝贺你了。"莫莉由衷地笑着说。"莫莉，你知道吗？我今天去给人家讲的是'如何摆脱忧郁创造和谐'，我从公文袋里取出演讲稿，刚一开口，下面便哄堂大笑。"莫莉笑着说："那一定是你讲得太精彩了。""的确精彩，我读的是一段如何让奶牛产奶的新闻。"说着将手中的材料递给莫莉。莫莉的脸刷地红了，喃喃地说："昨天我太粗心了，卡耐基先生，这不会让您丢脸吧。""当然没有，你这样做使我自由发挥得更好，还得谢谢你呢！"从此以后，莫莉工作中再也没有出现过失误。

谁能说这不是一种无痕的教育，谁能说这不是在不经意间展现出的教育智慧。卡耐基先生的这种"将教育的意图掩盖起来"的教育艺术，是一种充满人性关怀的超凡的教育智慧。其"润物细无声"的教育成效应该给中小学

教师以有益的启迪。

印度诗人泰戈尔曾说:"天空不留下鸟的痕迹,可我已飞过。"无痕教育体现的就是这样一种实践智慧,将一切都隐含在环境中,将一切都体现在行动中,什么都没说,却什么又都说了。

无痕教育,是一种艺术,更是一种智慧,智慧靠的是积累,而不是"学步",但一般来讲,在现实的实践中,教师可以通过以下几个策略,来锻造属于自己的无痕教育的智慧。

1. 体验策略

无痕教育贵在实践。在实践中教给学生做人的基本道理,不仅是要让他们明理,而且要重在导行,引导学生从尊师爱幼、乐于助人、刻苦学习、不怕困难等做起,在日常学习和生活中学会做人,让学生在学中做、做中学,边学边做。

没有亲身的体验,就没有觉悟。亲身体验即通过让受教育者自己去感悟,去体会,以此获得丰富的感受、内心的感染、心灵的感化,从而将外在的行为规范转化为内在的道德要求,于不经意中见匠心。如要培养学生孝敬父母的良好品德,可以开展"记住父母的生日""陪爸爸妈妈做饭"等实践教育活动,让学生跟着父母做家务,既体验了生活,又体会到做父母的艰辛,培养了他们关心他人的良好品德,使他们从自身做起、从点滴小事做起,生活上让父母少操心;学习上让父母称心。这样既将孝敬父母教育落实到具体行动之中,教育也收到了实效。

2. 示范策略

教师严谨的行为和良好的表率是开展无痕教育的基础。19世纪俄国教育家乌申斯基强调:"教师的人格是教育工作中的一切。只有从教师的人格的活的源泉中才能涌现出教育的力量。"学生的可塑性较强,可谓染于苍则苍,染于黄则黄,学生身上体现着教师的教育影响。"亲其师,信其道",教师良好的品格对学生具有巨大的感召力和影响力,它"润物细无声",身教胜于言传。

教师的行为举止对学生具有无声的示范作用,这是一种虽无丝毫强制,却最具震撼人心力量的无声教育。因为在教师与学生的交往中,无论是有意识的还是无意识的,都在起着传递信息、交流思想、沟通感情的作用。因为行动更直接、直观,所以往往比任何演讲说教具有更为有力的渗透作用。教师要以身作则,凡要求学生做到的,教师要首先做到。这无声的语言,最有

说服力，它将对学生的道德行为产生潜移默化的感染作用。

学生榜样最具有说服力。因此，不断在学生中树立榜样，是促进学生共同进步的重要手段。根据学生的特长，在班级里评选出"学习标兵""小小演讲家""小翻译""纪律标兵""班级形象大使""优秀小组长"等，获此殊荣的学生会倍感自豪，为了保持住这份荣誉，他们会更加努力，表现更为突出。其他学生从这些同学的身上又能看到努力的方向，不断地鞭策自己。为防止学生出现骄傲、松劲的状况，在班里应该不断地树立新的榜样，这样就能很好地促进全班同学整体向前进步。

3. 情境策略

教育家乌申斯基说过："儿童是依靠形式、颜色、声音和感觉来进行思维的。"因此，我们应有意识地创设教育情境，让学生身临其境，加深感受。在有意或无意中触动受教育者的心灵，获得事半功倍的效果。如为了增强学生的集体意识，可以创设故事情境，让学生扮演角色。教师可以利用一位老人临终前让 10 个儿子折筷子，教育儿子要团结的故事情境。边讲故事边让学生扮演 10 个儿子分别折断一根筷子，再折捆在一起的 10 根筷子，使学生从生动的故事情节和饶有兴趣的实验中，丰富想象，启迪智慧，自然能够悟出团结起来力量大的道理。

4. 空白策略

空白是一切艺术的表现手法。运用空白手法，可使艺术品虚实相映、形神兼备，达到"此时无声胜有声"的艺术境界。空白是艺术家在创作时常用的一种表现手法。在学校里，对学生进行教育，教师也可以采用"空白艺术"，留一些"空白"给那些有缺点、易犯错的学生，激发他们认识并决心克服缺点、改正错误的内驱力。

学生犯了错误，教师在说服教育时，应有意识地创设"空白"，点到为止，让学生自己去反省、思考，这样既不伤害学生的自尊心，还可以避免师生之间产生对立情绪，有利于引导学生自觉改正错误。

第二章

班规面前人人平等

让批评发挥应有的教育功效

学生在成长过程中，不但需要及时表扬，也需要及时批评，正如一位著名的教育学者所言："没有批评的教育是不完整的教育。"

批评是教育学生的一种手段，恰到好处的批评，能够有效地纠正学生的不良行为和缺点，但如果掌握不好尺度，则会使学生失去自尊，自暴自弃。所以，苦口良药学问深，作为教师应该抓住时机，采取适当的批评方法，才能药到病除，收到良好的效果。

国外有位教育专家，经过多年的研究得出：学生在成长过程中表扬应占教育的 70%，批评应占教育的 30%，如果失衡于这个比例关系，对受教育者都是不公平的。由此可见，批评在学生成长中的重要性和必要性。

另一方面，简单、粗暴的批评，只会丧失一个人的志气，招致愤恨。因此，我们需要掌握批评的艺术，让批评发挥其应有的教育功效。

有感于陶行知"四块糖"的故事

著名教育家陶行知"四块糖"的故事早已在教育界被传为佳话。它对教师如何运用心理疏导，驾驭批评艺术很有启发。

有一天，陶行知校长在校园内看到一男生用泥块砸另一男生，当即制止了他，并要他放学后到校长室去。放学后，该生早早来到校长室门口低着头等着挨训，陶校长走来，先给了他一块糖，然后说："这块糖是奖你的，因为你按时到，我却迟到了。"该生惊疑地接过糖。接着，陶校长又掏出一块糖放到他手里说："这第二块糖也是奖你的，因为我不让你再打人时，你立刻住手了，这说明你尊重我，应该奖你。"学生更惊疑了，他睁大眼睛看着校长。陶校长又掏出第三块糖说："我调查过了，你用泥块砸那男生，是因为他们不遵守游戏规则，欺负女生，你砸他们说明你正直、善良，敢跟坏人作斗争，应该奖励你啊！"学生感动极了，流着泪喊道："校长，你打我两下吧，我错了，我砸的不是坏人，是我的同学啊！"陶校长满意地笑了，他随即又掏出第四块糖递过去说："为你的正确认识错误，我再奖你一块糖，我的糖奖完了，我看我们的谈话也该结束了。"

多么感人的一幕：学生打人了，陶校长没有训斥，没有疾言厉色，更没有打骂，却让学生一步步地完成了对自己错误的认识过程。他用四块糖就让学生认识到了错误，发掘了学生的四个优点：守时、尊人、正义和勇于认错。我们在感叹陶校长高超的批评艺术的同时，不得不不思考，如何做好批评教育工作。

首先，要尊重学生，保护学生的自尊。任何人都是有尊严的，青少年学生尤其如此，且他们很在意别人对自己的评价，自尊心强。其次，批评之前做好充分调查，争取批评教育的主动权。再次，尽可能地发掘学生的闪光点。马克·吐温曾说："只凭一句赞美的话，我就可以好好地活上两个月。"成年人尚且如此，更何况孩子。最后，一事了一事，绝不及其余，不翻拣陈谷子烂芝麻，要干净利落。

学生犯错误是不可避免的，教师批评教育学生也就成为日常工作必不可少的一部分，怎样批评教育则是颇见教师功力的。批评教育的办法和手段也是多种多样的，但只有根据学生的性格特点，心理特点，善于运用高明的批评手段，通过告诫、谅解、宽容、补偿等手段，给学生以内疚的内心体验，诱发学生悔改的动机，保护学生的自尊心。通过艺术的批评达到自我教育的目的，达到批评的最佳境界。

戴尔·卡耐基在《人性的弱点》中曾说："批评像一只鸽子，放出去就不能回来。"

马卡连柯曾说："批评不仅仅是一种手段，更应是一种艺术，一种智慧。"

富有人情味的批评蕴含教师人性的博大和境界的崇高，体现了教育的真谛——以人为本，润物无声。每个人都难免犯错误。教师需要做的是如何将其"错误"的不利、消极因素转化为有利的、积极的因素。陶行知先生以尊重、理解、信任的强大精神力量感化学生、引导学生，给学生以自我反省的契机、自我修正的时间，从而体现出了教育所特有的人文教化功能。

英国教育家洛克说过："父母不宣扬子女的过错，则子女对自己的名誉就愈看重，他们觉得自己是有名誉的人，因而更会小心地去维持别人对自己的好评；若是你当众宣布他们的过失，使其无地自容，他们便会失望，而制裁他们的工具也就没有了，他们愈觉得自己的名誉已经受了打击，则他们设法维持别人的好评的心思也就愈加淡薄。"教育专家说，实际情况正如洛克

所述，孩子如若被父母当众揭短，甚至被揭开心灵上的"伤疤"，那么孩子自尊、自爱的心理防线就会被击溃，甚至会产生以丑为美的扭进心理。如果将这段话中的父母和子女分别换成教师和学生，道理同样适用，因为所说的，都是批评的艺术，强调的都是批评的注意事项。因此，教师要牢牢记住这个原则：教育需要批评，但批评更需要艺术。

批评是对思想品德行为的一种否定表示，正确地运用批评也是一种教育。从心理上讲，批评是一种"负强化"，可以使人产生一种内疚的心理，萌发耻辱感，使人终止错误思想和行为，增强纠正错误的勇气。但如果批评不当，对学生的思想和行为横加斥责，吹毛求疵，令人手无足措，就是一种消极的批评，其破坏性很大，使被批评的人感到压抑，产生自卑心理，谨小慎微，失去前进的信心，还可能与批评者产生对立情绪，形成"逆反心理"。正确地运用批评方法要注意以下几点：

1. 批评要有理有据，才能使人心服口服

为了做到以理服人，教师在批评之前一定要搞好调查研究，分清是非，决不能想当然，捕风捉影，随意指责。

批评还要说"理"，这个"理"首先应该建立在可靠的事实基础上，不是道听途说，一知半解，更不能妄加推测。其次，说话一定要实事求是，不能添枝加叶，更不可以无限上纲，以势吓人。另外，说理贵在分析，不仅要指出学生的错误及错误的性质，还应该帮助他们找出犯错误的原因，指明纠正错误的方法，指出今后努力的方向。

2. 批评要与人为善，帮助他们更好地前进

中、小学生由于生理和心理的原因，不少人是犯错不知错，知错也犯错，教师对他们必须有一个全面的认识，不能把偶尔的错误看成一贯的表现，也不能以偏概全，要相信学生都是要求进步的，且一定能进步。所以教师看问题切忌主观片面，批评学生不要绝对化，不要带有偏见，特别对于后进生或多次反复犯错的学生，更不能歧视。批评应该是严肃的，但不能把严肃当成是板起面孔训人。不管对优等生还是后进生，批评他们的错误都应该是对事不对人，不能借批评挖苦、数落、讽刺学生，侮辱学生的人格。批评必须掌握分寸，留有余地，不能说过头话。如果学生对批评有不同意见，应该允许他们申辩，不能搞封建主义家长作风。

3. 批评要照顾学生的特点，针对不同对象、不同情况，采取不同方式

一般来说，人们都乐意接受正确的批评，所不能接受的往往是批评的方

式、方法，如果教师的批评能照顾到学生的个性特点，采取对方可能接受的批评方式，被批评的学生在"良好的心境下展开"积极的认识活动和意志活动，那么，批评必定可以达到预期效果。

一个讲究批评效果的教师，必须因人而异，同时因地而变。当被批评的学生一时难以接受时，不妨采取转移注意力的方法，寓理于笑谈之中，使之触类旁通，自己觉悟，接受批评。特别是遇到个性倔强的后进生，班主任就不必在一个时间里就某一方面较真，争个高低。而要采用延时法，只要他心里明白，暂时一笑置之，待事后再耐心帮助他提高认识，这种表面上的不批评，实际上也是一种批评。

总之，批评不能套一个模式，但一定要适当，次数不宜过多，特别是当众点名批评，更应慎之又慎。

4. 四种有效的批评类型

（1）巧妙的"鼓励式"批评

有些学生犯了错误，但错误的性质不是很严重，而且这些学生自尊心和"面子观"很强，这样最好不要从正面批评，而是巧妙地从侧面鼓励，必然会收到好的效果。如某学生其他方面都很好，就是学习不用心，而成绩跟不上，教师可以对这个学生说："如果你的学习跟你其他方面一样好就更好了，相信你的成绩一定能跟其他方面一样好。"这种貌似鼓励实是批评的方法较之斥责，效果要理想得多。其原因是在批评中寓于鼓励鞭策，在鼓励中饱含信任和期望，使他既认识到自己的不足，也不会灰心丧气。

（2）热情的"商讨式"批评

学生犯错误后，教师不要总板着面孔去训斥、责备，甚至处罚学生，而要以诚恳的态度、热情的关怀，帮助和引导他们改正错误。如学生上课打瞌睡，教师可以轻轻地摇醒他，可以向他笑一笑，也可以下课后批评他说："是老师课讲得不好提不起你的兴趣，还是你昨晚没睡好以致精神不振？"先从教师的和蔼、自责和谦虚开始，经过交谈、反省到沟通，使学生从教师的诚恳中感到惭愧，这样做的效果总要比扬起书本或手掌拍打学生脑袋好得多。

（3）善意的"提醒式"批评

大多数学生都不是有意地去犯错误。因此，教师应该及时提醒，使之意识到自己已经犯错误或即将犯错误，避免错误再犯或发生。例如，某个学生近一段时间上课无精打采，经常分心，答非所问，造成学习成绩下降。教师

可寻找适当的时机对他说："你原来成绩很好，近阶段有些滑坡，是不是遇到什么不愉快的事？"这样故意不把话说重，既有利于教师在轻松的气氛中了解真实情况，又引起学生注意，以便改正。

（4）合适的"旁引式"批评

屡犯错误的学生，心里会有一种想法，大不了被老师的一通训斥或打骂。犯错误后，他就有足够的心理准备，认错似地抗拒老师的言行。如果教师能够引述合适的例子，那情形就会不一样了。一个教师在批评一个学生时，可以向该学生讲述教学中遇到的师生发生矛盾的例子："一学生屡犯错误，他的老师对他说'我管不了你，从今天开始，我永远不管你了！'这位学生大失所望，哭着叫来父亲向老师承认错误，后来考进了重点高中。""你是否也让我对你这样做？"仅仅旁引事例的批评，学生自然会自醒自悟，从事例所产生的结果中受到教育。

真正富有教育魅力的批评，不是伤害学生心灵的刑具，而是像高明的医师娴熟运用的手术刀，几乎是在无痛的情况下，巧妙切除病灶，尽快使人恢复健康。

总之，批评的艺术主要在于严厉与善良的巧妙结合，使学生在教师的批评中感觉到的不仅是合乎情理的严厉，而且是对自己充满人情味的关切。

平等对待每一位学生

教育家赞科夫曾经说过:"请您不要忘记,孩子们受到不公平的待遇,特别是这种待遇来自一个亲近的人的时候,他的痛苦心情会在心灵里留下一个长久的痕迹。"因此,教师,请平等地对待每一位学生,很多的时候,教育的真谛,是可以用公平和平等来诠释的。

平等地对待每一个学生,这是教师的基本素质之一,也是教书育人的基本准则。学生不是零件,不是商品,而是活生生的人,他们千差万别,各有特点:有的活泼开朗,有的沉稳内向;有的循规蹈矩,有的调皮捣蛋;有的聪明伶俐,有的少言寡语;有的刚毅自信,有的胆怯自卑。正因为如此,教师对每个学生必须一视同仁,用公正的心态平等地对待自己的教育对象。

"漂亮"的孩子人人都爱,爱"不漂亮"的孩子才是教师真正的爱。

每一位学生都是祖国的花朵,作为教师,应服务于全体,不厚此薄彼,努力做到一碗水端平,让所有学生同乘一辆前行的车!

常雪君:用母性感化学生

常雪君,女,中共党员,张家口市桥东区宝善街小学教师,2005年获市十佳青年教师称号,2007年获区优秀班主任称号。

从一开始参加工作,常雪君老师就当班主任。直到现在,她还是在当班主任。从一个不谙世事的小姑娘,直到如今成为一位母亲,她的生活发生了一次次的变化,工作方法也经历着一次又一次的蜕变。锐利的目光变温柔了,严厉的责备变成了耐心的沟通,从高高任上变成了一次又一次心与心的碰撞,她说:"当我回头看时,我发现我很富有,因为学生们的爱包围着我。"能做班主任使她感到很幸运,也很幸福,因为她喜欢孩子们,喜欢做他们的妈妈、姐姐、朋友……

要真诚关心和爱护学生,不仅仅在思想上、学习上给予指导帮助,还要

在生活上给予关爱，像母亲一样的体贴，更重要的是，把这些体现在实际行动上、言谈举止中。平等对待每一位学生，是她做班主任的第一原则，而且是必须遵循的职业道德。不论是成绩好的还是成绩差的；不论是家庭富裕的还是条件较差的；不论学生是否犯过错误，常老师都一视同仁，不歧视，不偏见。如果说特殊，那就是在成绩稍差、习惯稍差的学生身上下的功夫更多、给予的关爱更多、帮助更多，更细致入微。她十分懂得互相尊重是人与人之间相处相融的最基本的底线，这个底线不分年龄、职业、性别等，所以她十分尊重这些年龄虽小、但有思想、有自尊的小学生的人格，公平公正、平等对待班上每一位同学。融洽师生关系，努力开拓师生情感交流的各种渠道。

在语言运用中，无论教学还是日常管理用语，多用富有情感色彩的语言，力避急躁训斥性语言。在举止活动中，课间与学生同游戏、同讲故事与笑话，给学生一个轻轻的抚摸、给学生一个信任的眼神、一个由衷的微笑、一个问候、一个祝福、端一杯水，送一粒药等，通过多种渠道给学生构建一个文明向上、轻松愉快的大家庭，让学生的学习生活有一个温馨和谐的场所，这样他们才能好好学习，天天向上，做一个新时代的文明少年。在对待学困生方面，她认为，学困生每个班都会有，他们主要表现在学习上有一些困难，如理解能力差、自我约束能力差、集中注意力时间短等，但是不等于他们心智不健全，更不等于他们是不好、不懂关爱、不可教化的后进生。他们也渴望甚至比一般孩子更加渴望得到关爱和具体帮助。当教师能够像对待一般孩子那样对待他们，稍多付出一点爱心，每次她都会惊喜地发现，得到的回报是更多的爱。

常老师班有一个学生，成绩落后，反应慢，处理能力差。有一次，他闹肚子，当时正好是科任课，实在憋不住了，才向科任老师请假上厕所，然而在楼道里没憋住，一时间臭气熏天，淡黄色的粪便弄得满楼道都是，裤子上、衣服上就不用说了。当常老师赶到时，他正不知所措地站在那，双手紧紧地攥在一起，哆嗦着，满脸的无助和恐慌。她想发泄憋了一肚子的怨气，但就在看到他眼睛的那一刹那，怨气全部烟消云散。也许是天生的母性，也许是第一次看到孩子眼中深深的恐慌，那时她的心仿佛是被揪了一把，紧紧地缩到了一起，心痛不已。常老师温言软语地安慰他，轻轻地抚摸他的头、他的脸，然后牵着他的手把他带到水房，用温水洗干净他的身上，又把他的衣服

洗干净，从班里临时找了件衣服给他穿，又把楼道收拾干净。做这些的时候，她什么也没想，只是一心想要安慰孩子慌乱惊恐的情绪。从这件事以后，她发现那位学生看自己的眼神变了，对她充满了信赖。班里只要有谁不听老师的话，他就会站出来和他们辩解，讲道理。上课也专心听讲了，成绩一直稳中有升。

和孩子们呆久了，她发现，孩子的感觉是最敏锐的。谁是真心待他们，他们最清楚。她们班有一个学生，是个胆怯的女孩子，不愿意和人交流，和老师说话时声音还打颤。她的妈妈重病在床，平日里爸爸为了照顾妈妈，顾不上辅导她的学习，因而她的学习成绩很不理想。作为她的班主任，常雪君老师知道她在学习上其实是很努力的。有一次考试她的成绩特别差，在没宣布成绩之前，常老师先找她谈话，帮她分析考得不好的原因，把她做错的每一道题逐词逐句地分析讲解，直到她真正弄明白为止。每次考试过后，常老师都会鼓励她，表场她。一天晚上，她的妈妈给常老师打了一个电话，哭着说："孩子回来说'常老师经常鼓励她，她特别感动，常老师说的话和妈妈说的话一样暖暖的，给了她克服不足和困难的勇气和信心，她以后一定会好好学习，不辜负你们的希望。'"话没说完便泣不成声了。

从那以后，上课时常老师便发现孩子听得格外专心，听懂了便冲她微笑，这真的让常老师很感动，觉着自己只不过做了应该做的。常老师在与这位女学生不断地互动中，不经意地发现，一个眼神、一个微笑就可以心领神会，她们的心是相通的。在某种程度上孩子们处于中低年级转折时期，也是他们最淘气、最贪玩的时期，讲道理是听不进去的，这时她就让他们每人给老师写一封信，把心里话写进去，常老师也给孩子们写信，并且把信在班里念给他们听。那信是常老师用心写的，她把作为母亲的一切兴奋不已与对孩子们同步成长的企盼、寄托通通写了进去。在班里，常老师富有情感地读着每一封信，孩子们静静地听，他们哭了，任凭泪水肆意地往下掉，不擦拭，不掩饰。孩子们受到了深深的触动，感受到了常老师对他们的殷切希望和深切的关爱。从那以后，孩子们好像突然长大了，也懂事了，懂得尝试着控制自己的情绪，控制自己的行为，整个班集体团结了，集体荣誉感与凝聚力增强了，良好的班风也逐步地形成，并不断地获得文明中队、优秀班集体等荣誉称号，不断地成为鼓励学生再接再厉的动力与契机。从中，常老师与学生共同进步

着，不断拓宽视野，不断提升教育教学的站位与水准，逐渐成为一名深受学生、家长欢迎的老师。

常老师能用心和每一个孩子交流，许多小事是在不经意间做的。比如：学生病了，她会打电话通知家长，或者如果抽得出来时间就亲自把生病的学生送回家；学生病假回校，常老师会主动为学生补课；并且时时注意天气情况，提醒学生添减衣服，督促学生多喝水。这些虽然都是小事，但在学生的心目中留下的记忆却是深刻的，她送出的是真情，收获的是更多的真心回报。每当常老师病了，总会有孩子偷偷地把药放到讲台上，或自制一张慰问的贺卡，悄悄夹进她的教材里。每每感受到学生们发自内心的关心，她总有一种幸福的感觉充盈心头。常老师用真情换来孩子们懂得爱老师、爱同学、爱亲人、爱身边一切美好的事，这些就是她身为教师最大、最欣慰的收获。

平等对待每一位学生，这是教师在进行育人工作时，首先要遵循的原则，因为教育的真谛，往往就蕴含在教师的公平行为中。

从案例中，我们可以看出，常雪君老师不仅是一位内心有爱的教师，更是一位内心有公平的教师，如果说她还有所偏袒的话，那就是对"后进生"稍多一些的关爱，而这，则是另外一种意义上的公平。

每个孩子来到这个世界上都是一个独特的个体，当一个家庭怀着激动的心情迎来一个鲜活稚嫩的小生命时，无不充满了幸福的憧憬与期望。每个孩子的身上都蕴藏巨大的潜能和成功的希望，而教师的歧视和白眼，则很可能将这种潜能和希望扼杀在摇篮中，毫无疑问，这是违反教育的本质的，教师唯有平等地对待每一位学生，才有可能激发蕴含在学生身上的这种潜能和希望。

据报道，日本的中小学教师平等意识较强，他们给每个学生的发言机会是均等的，甚至认为对优等生的辅导是不公平的，因为这样做会使后进生失去自尊。相关机构曾做过一次调查，了解最受学生欢迎的教师特征，结果"正直、不偏爱"排在第一位，其他依次是"责任心强""幽默开朗""知识丰富"等。由此看来，学生不喜欢根据个人好恶偏爱包庇优等生、歧视嫌弃后进生的教师。

有理由相信，教师这个职业之所以崇高，正是因为它要用高尚的师德和

知识的乳汁去哺育每一个学生的健康成长，就像温暖的阳光，要洒遍每一寸土地；犹如甘甜的雨露，要滋润每一株禾苗。

优质的教育，请从平等对待每一位学生开始。

优秀的学生惹人喜爱，后进的学生使人烦恼，这是难免的。但是，教师却不能像艺术品鉴赏者和评论者那样，褒优贬劣、吹毛求疵。教师应该是艺术品的生产者——用优劣不等的原料，制作出同样精美的艺术品来。

1. 将自己放在学生的位置上

平等对待学生就意味着教师要把自己放在学生的位置上，和学生一起去感受和体验。尊重学生的人格与自尊心，支持、鼓励、引导和帮助学生。去体验学生在学习中遇到的困难、期待及泄气的心情，去感受学生在成长过程中经历的挫折。这样教师就不会因一时的冲动或失误，给学生的心灵造成伤害。我们知道，在任何班级中，学生之间存在差异，有些教师对优等生则尊重、偏爱，对后进生则嫌弃、厌恶。殊不知，这种做法，恰恰伤害了后进生的自尊心。轻者，使这些学生越发失去自信，产生自卑心理，不求上进；重者，则会使这些学生对教师产生怨恨和抵触情绪，造成师生间产生矛盾。

2. 平等的内心是爱

平等的内心是爱，爱班级中的每一个学生——不论他的表现如何。善待学生是以心对心去滋润学生的心田，去包容学生的过失，去化解学生的不良情绪。但凡有卓识的教育家、优秀的教师都积极主张教师在教学中不要盛气凌人地训斥、辱骂学生，而要善于激励学生、唤醒学生、鼓舞学生，其中最重要的是保护学生的自尊心。一位知名的教育专家曾经说过这样一句话："所有难教育的孩子，都是失去自尊心的孩子，所有好教育的孩子，都是具有强烈自尊心的孩子。教育者就是要千方百计保护孩子最宝贵的东西——自尊心，这是切断后进生源的重要手段。"

3. 以理解、尊重、信任为基础

平等对待学生应以理解、尊重、信任学生为基础，只有教师把学生当做有血有肉的人来对待，把他们当做自己的孩子来对待，给他们以尊重和信任的时候，才会激发他们的潜能。俗话说："于细微之处见真情"，师生交往的细微之处往往能使学生感受到教师真诚而深厚的爱。新课程改革已经开始了，"为了每一位学生的发展"是新课程改革的核心理念。为了实现这一理念，教师不仅要尊重每一个学生的尊严和价值，还要倾情关爱每一个学生的心灵成长，学会赞赏每一位学生取得的成绩，并和学生一同去体验他们的成功和快乐！要学会运用宽容、理解善待学生的不足，让学生通过自尊心的得到尊重和满足来产生认识并改正不足的动力，从而达到"我给你自信，你给我成功"的目的。

每个学生都希望能得到家长和教师的理解，能倾听他们的心里话，为他们排忧解难。适时的倾听、平等的交流，胜似长篇大论的劝说。家长和教师只有放下架子，信任学生，真诚地倾听学生的心声，才能真正实现心与心的沟通，只有平等的教育氛围才有利于学生的全面成长和个性发展。

请记住学生的名字

美国著名政治家吉姆法里曾说："记住人家的名字，而且很轻易地叫出来，等于给别人一个巧妙而有效的赞美。"因此，教师，请记住学生的名字，因为，叫出自己的名字，对每个人来说，这是任何语言中最甜蜜、最重要的声音！

曾经有人问一位擅长销售的人："世界上最美妙的声音是什么？"他的答案是"听到自己的名字从别人的口中说出来"。

很多的时候，对陌生人而言，你能记住他的名字，就很容易拉近双方的距离。对有抱负的人来说，记住别人的名字就显得特别有魅力。

作为教师来讲，要想尽快融人学生中，记住学生的名字不失为最快捷的沟通方式！

因为，"记住"是一种爱，"记住"是一种责任，这是一种虔诚的爱的播种，是一种心与心的交融，是一种爱的呼唤。

其实，记住学生的名字，它的范畴将远远不止沟通这一简单的领域！

记住学生的名字
——记优秀教师郭国霞

在每个班级上课，郭国霞老师都能够迅速记住学生的名字，有教师问起郭老师有什么秘诀，郭老师笑着说："一颗对待学生的真心。"那是每年六个班，每班将近70名学生，总数达400名学生啊！

一个有事业心、责任心和爱心，经常与学生交流、沟通、谈心的教师，是不可能记不住学生的名字的，记住学生的名字是教师应该具备的最基本的要求。教师是与人交流的职业，你不与学生交流，你连学生的名字都记不住，或是你根本不想记，更甚之你从来就没有问过、关心过哪个学生叫什么名字，怎么能得到学生的尊重和信任？你所教的科目怎么能得到学生的喜爱？

我们大多数人都有过这样的体验：作为普通的一员，在众多的人群当中，被领导或者长辈准确地叫出姓名，往往倍感亲切与温暖。作为学生，我想也

会感同身受，能被老师叫出自己的名字，师生距离一下就拉近了，师生关系也会很融洽。

曾经有人问一位擅长销售游戏的人："世界上最美妙的声音是什么？"他的答案是"听到自己的名字从别人的口中说出来"。通常能叫出对方的名字，会使对方感到亲切、融洽；反之，对方会产生疏远感、陌生感，进而增加双方的隔阂。

吉姆·佛雷10岁那年，父亲就意外去逝了，留下他和母亲及另外两个弟弟。由于家境贫寒，他不得不很早就辍学，到砖厂打工赚钱贴补家用。他虽然学历有限，却凭着爱尔兰人特有的热情和坦率，处处受人欢迎，进而转入政坛。他连高中都没读过，但在他46岁那年就已有四所大学颁给他的荣誉学位，并且高居民主党要职，最后还担任邮政首长之职。有一次，有记者问起他成功的秘诀，他说："辛勤工作，就这么简单。"记者有些疑惑地说："您别开玩笑了！"他反问道："那你认为我成功的原因是什么？"记者说："听说你可以一字不差地叫出1万个朋友的名字。""不，你错了！"他立即回答道，"我能叫得出名字的人，少说也有5万人。"

法国皇帝，也是拿破仑的侄子——拿破仑三世得意地说，即使他日理万机，仍然能够叫出每一个他所认识的人的名字。他的技巧非常的简单。如果他没有清楚地听到对方的名字，就说："抱歉。我没有听清楚。"如果碰到一个不寻常的名字，他就说："怎么写你的名字？"

在谈话的过程中，拿破仑三世会把那个人的名字重复说几次，试着在心中把它跟那个人的特征、表情和容貌联想在一起。如果对方是个重要的人物，拿破仑就要更进一步。一等到他旁边没有人，他就把那个人的名字写在一张纸上，仔细看看，认真地记在他心里，然后把那张纸撕掉。

这样做，拿破仑三世对那个名字就不只是有眼睛的印象，还有耳朵的印象。

"我不想成为他们那样的伟人，我只想记住学生的名字。"郭国霞老师说。

名字最初作为每一个人、事、物的专用标志的时候，只是用来区别同类事物的一种语言符号而已，当你与这个特殊符号建立关系开始，你就已经和他成为一个亲密的整体。他因你而有了生命，你也因他而成为这个世界上特立独行的个体。你一定有过这样的经历：当一个和你同名的人被点名表扬的

时候，你也一定会心花怒放、热血沸腾、感同身受；当一个与你同名的人被点名批评的时候，你也一定会面红耳赤、忐忑不安、坐如针毡。因为这几个字已经成为你生命中最重要的一部分。

由此可见，每个人都很看重自己的名字，学生也不例外。教师能熟记并且能随时叫出学生的名字，学生就会觉得得到了尊重，自然而然就对教师产生信任感、亲切感，在这种情况下，教师的教育教学效果往往会更佳。

"'我不想成为他们那样的伟人，我只想记住学生的名字。'郭国霞老师说。"从这句话中，我们可以看出郭老师是一个简单、认真和朴实的教师。就是这样一位简单的教师，却能在短短的时间内记住多达400名学生的名字。这不能不说是一个"奇迹"，而这个"奇迹"所体现的精神，所蕴含的深意，又不能不令我们仰首深思。

每当新学年开始或接手一个新的班级时，面对一张张"陌生"而可爱的笑脸，教师面临的第一件重要事情是什么呢？——认识学生，记住学生的名字。郭老师曾说："记住学生的名字，是一种教育智慧，等于给学生一个巧妙的赞美。"那么如何能在短时间内快速地记住学生的名字呢？

1. 阅读档案记忆法

这是大家最常用的一种方法。搬来学生过去的档案，通过认真阅读学生档案材料，了解学生过去的学习成绩、思想表现、家庭情况等，根据学生个性特征和特殊才能，记住学生的名字。也可到原来的班主任或科任教师那里了解学生情况，达到记住学生名字的目的。

2. 照相记忆法

面对一个班几十名学生，要想一下子记住他们的名字，尤其是人名与相貌一一对应，对一般的教师来说，不是容易的事。由于照相机、手机的使用已经很普遍了，因此可以给每个学生照相，注明学生的基本情况，如姓名、籍贯、出生年月等，保存到电脑里经常浏览，或用彩色打印机打印出来，装订成小册子。大家可以试一试，这是一种很理想的方法。

3. 卡片记忆法

每当召开会议时，常常可以看到主席台上的座位卡写着就坐的领导、专家的姓名，台下的人很容易由此认识他们，教师也可以让学生自己制作姓名卡片。将32开本大小的硬纸板对折，在纸板的两面写上姓名，就成了一张双面卡片，放在自己的座位上，教师识记起来也会很方便（一段时间认识学生后即可取消）。

4. 主题班会记忆法

这种方法比较适宜于一年级的班级，或重新组成的班级，学生彼此不认识或所知甚少，班主任可以组织召开一次以简短演讲的形式做自我介绍的班会课，课前布置学生用最好记的方式介绍自己的名字和特点，如"我是性格内向害羞的张红霞""我要好好学习，长大后成为国家的栋梁之才，我的名字叫程国栋"等。这种方法既有利于建立良好的师生关系，又锻炼了学生的胆量与口才。

5. 分类记忆法

这是一种很灵活的方法。不同的教师可以根据自己的喜好对全班学生进行分类，从而识记学生的名字。比如，按学科成绩分类识记，把某一学科学习成绩前几名与后几名的学生分成一类进行识记。

6. 地域来源记忆法

一个班级的学生往往来自不同的学校、村落、乡镇或居委会，可以按来源学校的不同，把学生分组，将这些学生与这个学校的重要特征、特色或标志联系起来识记。例如：这个学校是民乐特色学校，就与民乐联系起来；是奥赛特色学校，就与奥赛联系起来；是百年老校，就与老校特征联系起来等，可收到意想不到的效果，也可以按村落、乡镇或居委会的不同，把学生分组。

如果要想学生喜欢你，请记住这个最简单的秘密：快速而准确地叫出每一个学生的名字。对学生来说，这是最重要、最亲切、最真诚的声音。

让每个孩子都挺起自信的胸膛

古人云："自知者明，自信者强。"可见，自信有能让人变得坚强的力量。美国作家爱默生曾说过："自信是成功的第一秘诀。"可见，自信能给人带来成功的动力。因此，作为教师，要培养学生的自信心，让每个孩子都挺起自信的胸膛。

相信每个教师都有过这样的体验："成功的孩子越来越成功，失败的孩子越来越失败"，在这个表面看似"宿命"式的循环中，其实并没有什么不可解的神秘原因。关键的一点就是成功让人自信，自信反过来又助人成功，反之亦然。因此，教师要达成育人的目标，让学生快乐健康完善的发展，让学生体验成功带来的力量，就要培养学生的自信心。

事实证明，以不理智的行为打消学生的积极性、挫伤学生的自信心，对学生的伤害，往往是致命性；相反，如果一个教师用恰当的教育方法，唤醒了学生的自信心，其爆发的能量，亦是惊人的。

一正一反，天壤之别，如何去做，相信优秀的教师，心中自有自己的抉择！

让每个孩子都拥有梦想
——刘京海谈成功教育

上海闸北八中校长刘京海倡导的成功教育，改变了学校在人们心中的形象，创造了当代教育史上的一个奇迹。

2000 年 7 月中旬，应四川省教委的邀请，我和刘京海校长一同赴成都讲课。虽然神交已久，见面还是第一次，在我和韩军老师的诚恳请求下，一天晚上，刘校长谈了许多关于成功教育的最新思考。

反复成功的孩子越来越好，反复失败的孩子越来越差。

有一个姓方的男孩，一天在厕所里遇到了校长。校长叫出了他的名字，还夸他作文写得不错。男孩大受震动：全校有几千名学生，校长怎么会认识我？说明我的作文真有水平，还有点儿名气呢。

从此，这个男孩子信心大增，对作文的兴趣越来越浓。后来，他当上了

一名中学校长，并成为一名作家，写出《戚继光传》等作品。

讲讲过这个真实的故事之后，刘京海感慨地说："我发现，成才的人往往是受了某个人的提醒，说他某方面好，然后他发现自己、认识自己。一个孩子如果认定自己是一个很有用的人，一个对社会很有帮助的人，一个很强大的人，那么这个孩子就很可能走上成才之路。反过来也一样，如果一个孩子天天被骂，他可能渐渐对自己失去信心，或许就走上了混日子的道路，从此与成功无缘"。

针对上述现象及自己的教育实践，刘京海概括出了成功教育的三个要素。

一是期望。父母和教师要相信孩子，对孩子有美好的期望，使孩子也对自己产生期望，从小拥有梦想。

二是机会。父母和教师要让孩子有成功的体验。反复成功的孩子越来越好，反复失败的孩子越来越差。

三是鼓励。父母和教师既要给孩子创造成功的机会，也要及时给予鼓励性的评价，使孩子信心越来越足，行为越来越自觉。

一开始三个要素的主体都是教师。在反复实践的过程中，逐步地转向学生，即学生对自己有积极的期望，自己主动寻找成功的机会。无论成功、失败，都能自我激励。教育走向自我教育，他律走向自律。

让每个孩子都有梦想，是教育最核心的任务。

刘京海曾与著名劳动模范徐虎有过一段不寻常的交谈，谈人的梦想。

他问徐虎："现在学校也在提倡向你学习，除为人民服务外，还应该有另外一样东西。"徐虎问是什么东西？刘京海说："你必须先回答我两个问题，然后我才告诉你。第一，你在幼儿园的时候想过长大了干什么吗？"徐虎回答："我在幼儿园想当科学家、工程师、解放军等。"刘京海又问第二个问题："你想到过长大后修马桶、当水电工吗？"徐虎诚实地摇摇头。

刘京海说："你不愧是劳动模范！你之所以被大家敬佩，除你为人民服务多外，更重要的可能是你什么梦都没有实现，可你还在做梦！还在奋斗！人有100个梦，可以说99个是不能实现的。很多人是99个梦实现不了，就开始自暴自弃，可你徐虎不一样，还在做梦，还在追求奋斗。所以你成为了徐虎！"

谈到这里，刘京海激动地说："每一个人都有梦想，一个民族有梦想，这个民族才是有希望的。可是，现在人们太功利了，只知道挣钱享受，很多

孩子已经没有梦了。"苏联一位科学家说："最可悲的人是什么人呢？当他走向坟墓的时候也不知道自己有什么才能！"

刘京海说："我们很多人可能都是这样可悲的人。当然，没梦的人是要死的，有梦的人终归也会死，但有梦的人会幸福得多，因为有梦就有追求，就会去干，没梦怎么干呢？所以，我觉得让每个人都有梦，可能是教育最核心的任务！"

最重要的成功通道在于人格教育。

我对刘京海说，日本曾反思过自己的教育，认为表面上抓得很紧，而实质上是"教育的荒废"，即荒废了真正的教育——人格教育。其实，中国的教育弊端也在于此。

刘京海连连点头说："你说的这些，也正是我心里反复想的问题，并且找到了成功的通道。你说，每个孩子的差异在哪里？成功也罢，失败也罢，关键在于对孩子的自我认识产生了什么影响，即人格影响。学会没学会或成功没成功不是最重要的，最重要的是这个过程对孩子的作用是积极的还是消极的。"

为了讲清这个问题，刘京海讲起了自己女儿的经历。

小学三年级第一学期期末考试后，女儿成了班级里的倒数第十名。妻子抱怨刘京海说："你还研究成功教育？研究让后进生成功，现在连自己的女儿都变成后进生了！看你怎么再研究！"

刘京海拿过女儿的试卷，把错题一一指出，问女儿是否会做，女儿均回答会做。刘京海说："既然会做，这个分数我就还给你。"在父亲的鼓励下，女儿恢复了信心。一次写作文，写一个玩具。按要求应达到三个标准，即把玩具的名称写进去，把玩法写具体，把玩的效果写生动。可女儿只写了一点。刘京海看了作文，当即肯定女儿写得好，大加表扬。

不久，老师对刘京海说："你们培养得好，这个孩子成绩上来了！"其实，刘京海心里明白，自己只不过调节了女儿的自信心。

从不说孩子不好，这是刘京海一个固守的原则，而这个原则也起因于一个深刻的教训。女儿小时候唱歌时，刘京海评论了一句："你这歌唱得不怎么样吗！"结果，这果真成了女儿的一个缺陷。他看到这个结果，感到很可怕。他说："这个道理很简单，小孩子画画不怎么样，可你说她两句好话，她就愿意多画，画多了肯定就比过去好。反之，你说她画得不好，她就不画了，不画了就肯定永远也画不好。"

119

如今，女儿已经信心十足地向高目标冲刺。刘京海欣慰地说："父母与教师是可以影响孩子的，而最大的作用是影响孩子的自我概念和自我认识，影响孩子的自信心。做到了这一点，教育就从外部进入了内部——自我教育。所以我发现，一个人的自我概念与自我认识水平，往往决定了一个人能否走向成功。"

孩子最大的问题是不骄傲。

与传统教育让孩子谦虚的主张相反，刘京海鲜明地提出："现在总批评孩子骄傲，我说孩子最大的问题是不骄傲！"

为什么主张孩子骄傲？是不是把骄傲看成自信呢？刘京海回答："当然！孩子的骄傲首先是一种自信。但更可能是孩子本质特征的骄傲。你去看，凡是伟人在少年时期大都是很骄傲、很狂妄的，立志改造世界、扭转乾坤，这种高志向与大气魄对其一生的发展意义重大。"

这时，清华附中的特级教师韩军说道："成功人士的特征之一，就是对自我的认识非常确定，对自我认识到的东西就不会轻易改变。日本指挥家小泽征尔在一次指挥比赛中，已经得了最高分，但评委们想测一下他的自信，就告诉他有一个地方错了，要是改过来就好了。谁知，小泽征尔肯定地说：'不是我错了，要错也是谱子错了！'台下一片掌声，大家一起为他鼓掌。"

刘京海听了大笑，说："什么叫个性？这就叫个性！什么叫人格？这就叫人格！但是，骄傲的人在生活和工作中麻烦不少，要有足够的承受力才行。"想了想之后，他又说："追求成功的人身上，要有一种大家、大气的东西。长期以来，在学校里竞争空前激烈，比争吵还要可怕。一点都不大气，而做人处事的关键是要大气！"

教育过程非常重要的是成功大于失败。

上海闸北八中曾被称为"垃圾学校"，因为被公认的好的学校的最低录取线淘汰的学生，出于无奈才进入闸北八中。可是，闸北八中积极推行成功教育，使一批批悲观失望的学生开始了生机勃勃的新生活。成功教育的理念与"成功计划"完全一致——人人能成功。

当我询问闸北八中成功教育的新思路时，刘京海除讲希望、机会、鼓励三要素外，又讲了成功的三个层次或台阶，即帮助成功、尝试成功、自主成功。他反复强调两个要点，一是学生的主人地位及自我教育，二是多让学生体验成功。他认为，学习方式有两大类：第一类是接受学习，主要是教师传

授、学生模仿，这种方式的结果是知识技能得到发展，这是传统的主流教育观念和方法；第二类是体验式学习，强调学生的尝试探索，这种学习方式的结果是能力的发展，这是创新的主流教育观念和方法。因此，要使学生成功，必须把传统的接受学习与尝试探索的体验式学习结合，使知识与能力的发展统一，使教育和自我教育统一，十分注意在知识能力发展的过程中积极地促进学生健全人格的发展。教育界有两大流派，一个是教授派，另一个是体验派。讲得越多，学生越不会，而体验一次可能就会了。

失败学的研究也是刘京海感兴趣的内容。他说："失败总是有的，如果你能正确地解释它，它对人也有积极的作用，甚至可以说失败也是一种教育。"的确如此，能从失败中汲取营养，更有助于人走向成功。

不过，作为有丰富经验的教育行家，刘京海坚持认为："教育过程第一重要的是成功要大于失败。当体验较多的是成功的时候，孩子的自我概念、自我约束就比较强，他的自信力也比较强，并由此化为一种积极、健康的人格，而这正是成功的关键因素。"

多少年来，我们习惯于一个成语：失败是成功之母。然而，刘京海的成功探索告诉我们：不错，失败是成功之母，但是与失败相比，成功是更重要的成功之母！

什么是自信？或许我们大家都知道自信是什么，只是找不到合适的语言来诠释它的真谛罢了。其实，自信，就是心中的一种理想，一种坚定不移的毅力，是在强者面前不自卑，在弱者面前不自傲。

回首再看刘京海老师的成功教育，我们可以深深体悟到自信对于一个人的重要性，自信犹如枪里面的弹药，可以让这把枪所向披靡，而没有了弹药的枪，只能是具有观赏意义罢了。

奥里森·马登说过这样一段耐人寻味的话："如果我们分析一下那些卓越人物的人格品质，就会看到他们有一个共同的特点：他们在开始做事前，总是充分相信自己的能力，排除一切艰难险阻，直到胜利！自信可以从困境中把人解救出来，可以使人在黑暗中看到成功的光芒，可以赋予人奋斗的动力。或许可以这么说："拥有自信，就拥有了成功的一半。"

自信，成功的第一步！

古今中外名人，皆是自信心十分之强的人。有诗仙李白之天生我材必有用；有我们伟大领袖毛泽东主席之会当击水三千尺；有苏联著名作家索洛维

契克之一个人只要有自信,那他就能成为他希望成为的那样的人。如此例子,不胜枚举!

因此,让我们认真学习和思考刘老师成功教育的魅力,帮助学生树立自信心,让他们像挺拔的白杨,昂首立于天地间,领略"会当凌绝顶,一览众山小"的豪迈气概。自信心是促进事物走向成功的支撑力,是促使人去探索、去创新、去实践的重要推动力。一件事情的成功与否与自信心的有无有着密切关系。强烈的自信心能使学生在完成任务的过程中始终保持较强的兴趣。因此,要使学生在学习、生活中认真做好每一件事情,培养他们的自信心是必不可少的。

那么,应该如何培养学生的自信心呢?

1. 在评价中培养

教师和家长对学生经常做肯定性的评价,可以激发并强化学生的自信心。但评价时要注意以下几点:

首先,评价要及时,易于激起学生成功的体验,从而留下深刻的印象。例如,校运会后,班主任及时对取得名次的学生给予表扬,指出他们为班级的荣誉做出了巨大的贡献,使他们有成功感和成就感。

其次,评价要恰如其分,既不能夸大,也不能缩小,更不要遗漏。例如,校运会后,在表扬部分学生时,不能忘记参加长跑项目的学生,即使他们没拿到名次,也应该给予表扬,更不能过分强调结果(没拿名次),否则会使他们产生反感。这样才能使学生对家长和教师的评价产生权威感和信任感,发挥评价在培养学生自信心上的作用。

最后,评价要因人而异。对自我评价过高、自信心过强的学生,要采取恰当的方式指出他们存在的问题,并希望他们改正缺点,如可以在放学的路上以聊天的方式与他们进行谈话。而对自我评价过低的学生,则要多表扬他们的长处,少提甚至不提他们的短处,使他们保持积极的一面,从而增强自信心。

2. 在交往和集体活动中培养

一个人在交往和集体活动中的威信越高,其自信心就越强,反之亦然。因此,教师和家长要多鼓励、支持学生正常的交往,让学生在交往与集体活动中了解自己、发展自己、完善自己。比如,组织学生以小组为单位的学习或社会实践活动,每组选出一名组长,完成任务后再由组长小结。又如,开展歌咏比赛、演讲赛、手工制作、实验操作赛等活动,既可以使组

员体现出自己的作用和价值，也能使组长明确自己的能力，增强他们的自信心。

3. 在做决定中培养

做事过程中的果断性与坚持性也是增强自信心的一种重要表现形式。无论是在家庭还是学校，家长和教师都要为孩子提供独立做决定的机会，而且要督促他们顺利达到自己的目的，在成功中增强自信心。例如，在有关家务处理上，家长要多听取和采纳孩子的合理建议；在班级管理、班团活动中，教师要放手让学生自己出主意、想办法，如制定班规、确定班队活动内容，先由学生提议，再由教师把关确定。这对培养学生的自我管理能力、组织能力和自信心都是很重要的。

4. 在解难训练中培养

能否勇于面对现实，克服困难，是一个人是否具有自信心的重要标志。因此，家长和教师要经常在生活上、学习上给学生制造一些困难，让其克服。例如，教师可出一些有一定难度但通过努力能够解决的难题让学生做，不过要特别注意难易程度，最好"跳一跳，就摘到"，否则将会打击学生的自信心。

5. 在发展特长中培养

如果在同龄人中你能在某一方面出类拔萃而受人赞扬，让人佩服，便会感到自己是强者，从而增强自信心。家长和教师，乃至学校要注意培养学生的"一技之长"，如绘画、书法、音乐、舞蹈、写作等，这既符合素质教育之要义，又能激发起他们奋发向上、自强不息的激情。

6. 在丰富知识提高能力中培养

知识广博、能力强的学生往往比较自信，在教师和同学面前敢说敢唱，敢于向困难挑战。教师必须将学生的自信心与能力培养结合起来，使学生建立坚定的自信心。例如：在家里，重点培养学生的自理能力，礼貌待人，自己的事情要自己做，不完全依赖父母；在学校，就要培养快速获取知识的能力、记忆能力、联想能力，善于发现问题、分析问题、解决问题的能力，与人和谐相处的能力。这就要求教师能因材施教，充分利用教学内容，达到全面发展学生能力的目的。

7. 在自我暗示中培养

心理学研究表明，自我暗示有一种神奇的威力，它能控制并指导人的行为，使之按预想的目标活动，最终达到目的。例如，当一个人心情沮丧时，

反复在心里默念："我精神抖擞，心情愉快。"很快就能帮助人从不良情绪中摆脱出来。所以，经常让学生在心里郑重其事地默念一些暗示语，比如，"我一定能学好英语""我的语文成绩越来越好"，考前默念"这次考试一定能考好"等，不仅能提高学生能力，而且对学生自信心的培养会产生意想不到的良好效果。

自信心的培养是一个长期的工作，它可能会因为一件事而暂时树立或消失。因此，教师要善于观察，要做个有心人！

让学生学会管理自己

著名教育家斯宾塞说过这样一句话："记住你的管教的目的应该是养成一个能够自治的人，而不是一个要让别人来管理的人。"制度很重要，更重要的是让学生学会自己管理自己。

让学生学会管理自己，也是让学生学会对自我负责。责任意识是现代公民所必须具有的一个核心素质，现代社会环境下的全面发展，自然不能舍弃责任意识的培养。事实证明，让学生学会管理自己，让学生学会对自己的行为负责，正是学生责任意识的源头。

古人云，修身方能齐家，而后才是治天下。可见，修身是第一位的，是齐家和治天下的基础，而修身，也就是我们所说的管理自己。因此，管理自己的意义，已经不止于个体修养的范畴，它还有家国层面的政治意义。

在现代的学校教育实践中，我们每一位教师，都应该适时适度的放手，让学生学会管理自己，须知，屋檐下的麻雀，终究无法经受狂风暴雨的袭击，只有翱翔在风雨中的海燕，方能在沧海横流中尽显英雄本色。

魏书生和他的"特色"管理思想

"自我管理"是魏书生管理手段的核心。它是"人本"思想的发展，它并非魏书生的创造，然而魏书生管理本身最鲜明地体现了这一思想，其管理策略之高明，管理手段之巧妙令人称道。

首先，他非常注意提高学生对管理活动的认识。曾经有学生问他："您还能做我们的班主任吗？"魏书生说："为什么不能？"学生说："我们看您太累了！""那我就请副班主任来管吗！"学生问："副班主任在哪？"魏书生说："就在每位同学的脑子里！"谈话中，魏书生除巧妙地向学生传达了对学生的信任外，还向学生传递了这样一个信息，这就是管理对整个教学活动来说是必要的，但管理不是老师来约束学生，而是学生在学习活动中的自我约束。

引导学生对管理的认识，使学生自觉意识到管理的必要性，特别是自我管理的必要性，在客观效果上，减少了学生对管理的抵触以至对抗的情绪，

大大减少了由人际关系不谐产生的内耗，这无疑极大地提高了教育管理的实效。

其次，魏书生创造性地创设了多种自我管理形式。例如，写"说明文"，写"心理病历"等，大力倡导学生自我约束和自我管理，帮助他们在心里筑起第一道防线，以尽量把问题消灭在萌芽状态。

再次，他大大强化了规划、决策过程中的民主参与，通过引导学生制订班规班法，既使学生的意志与愿望通过合理渠道得到了满足，又密切了师生关系，同时由于学生有为自己的目标负责的倾向，所以它容易使学生对自己的行为产生自我约束，真可谓"一举数得"。

最后，大胆转化了管理机制，为班级重新建立起以学生自我管理为主的新机制，其新颖之处表现在以下四个方面。①全员参与，相互制衡。在魏书生的班中，人人都是管理者，人人又都是被管理者，管理因时而动，权力彼此制约，而教师则处在一个驾驭、服务的位置上。如此管理，教师如何不轻松？②照章办事，责任明确。"人人有事做，事事有人做"，且凡事皆有章可循。③管理教学，相互结合。管理的目的是服务于教学中，魏书生的班级管理中就包含大量的教学因素，比如让学生写"说明文"，目的是让学生进行自我教育，但他同时训练了学生的书面表达能力。办"班级日报"加强了同学间的联系，但不也是一个让学生全面受教育的过程吗？另外，除课堂教学，魏书生还把大量的课外教学活动（包括德、智、体等）科纳入了班级管理的轨道。例如，定期定人检查作业批改作文，课前一支歌等，加强了教学与管理间的联系，推动了教学管理与班级管理的整体自动化。④善始善终，持之以恒。凡事不做则已，一做必做到底，既显示了制度执行的一贯性，又锻炼了学生的意志力。

在具体实施中，对教师而言，魏书生首先注意到了教学管理与班级管理的协调，通过完善两条渠道，提高了管理的实效。在管理的方式方法上，魏书生除注意直接参与管理外，他始终把管理的重点放在启发学生进行自我管理、引导学生相互管理上。另外，管理中他特别注意班集体的班风建设，并采取了多种措施增强学生的向心力和凝聚力，这些为学生的发展进步提供了一个良好的外部环境。另外，值得一提的是，魏书生在管理中还体现出高度的质量观念与效益意识，如将教学管理与班级管理合而为一。他主张的教学管理注重整体规划、分层管理、内外协调、有序运转。从管理内容的优选到管理过程完善健全以至到具体时间的统筹安排和运用（比如，他提倡"高效"

学习，提倡控制"三闲"，提倡利用放学路上时间记一个单词等），无不体现出他管理的效益观念与质量意识。

"守住心灵的那一片宁静"，是魏书生挂在嘴边的话，尽管他有着繁忙的公务，众多的职务，仍然坚持上好每一节语文课，拓展学生内心的潜能，唤起他们心底的真善美。向魏书生学习，并不是要求所有老师去吃快餐、喝白粥，而是学习他的教育和管理思想，学习他的脚踏实地的精神，学习他对教育工作的热情，学习他在任何境况下都不计较个人得失，一切为了信念而面对最艰难的生活。

许多教师都说学生难于管理，其原因是让学生被动地接受管理，使学生缺乏主人翁意识。若能让所有学生都能体验到作为班级的主人的责任，都能意识到自己是集体中不可缺少的一员，情形就大不一样了。魏书生老师的事例，就最好地说明了这一点。

要想调动全体学生的积极性，就必须让学生全体参与，在这方面，魏老师给我们做出了值得效仿的榜样，他不仅创新了管理的形式，采取了多种教学方法，调动了学生参与管理的积极性，学生动起来，他自己也就轻松了。

一方面，让学生学会管理自己，绝不仅仅是一种维持教育秩序的需要，它有着更为深刻的教育内涵。修身养性，是自古以来的文人学者和有一定素养的人极为重视的重要内容。而所谓的修身养性，不外是自己管理自己的文化说辞罢了。因此，让学生学会管理自己，便也包含了自我教育的意义。

另一方面，在社会治理层面，"一身不治"，就谈不上"一室之治"，也谈不上"一个单位"或"一个公司集团"之治，更谈不上治理"天下国家"！因此，"个人治"方能"家国治"，而这种"个人治"，只能是一种自我管理意义上的，而不是外在强制和约束下的。

因此，让学生学会管理自己，蕴含丰富的教育意义和社会意义。作为教师，应该掌握相应的方法和技巧，相信它带来的回报，是不会让我们失望的！

21世纪是一个知识和信息高速发展的时代，只有具有开拓创新和独立自主素质的人才，才能在竞争中立于不败之地，要培养出具有开拓创新和独立自主素质的人才，就必须重视培养学生的主体性，培养他们自己管理自己

的能力。

那么，教师应当如何培养学生自己管理自己的能力呢？

1. 共同确定奋斗目标、制订计划，培养学生的主体意识

班集体具有促进学生个人社会化、促进学生个性全面而自由发展、组织管理和教育学生的功能。要充分发挥这些功能，必须依赖于创建班级的最佳状态，即创建优秀班集体。因为，只有在优秀班集体优良的氛围中，才能充分发挥学生的个性优势、充分发挥个人的才能、充分发展个人的创造性；同时，能减少班级的内耗、提高班级组织管理的有序化程度，使班级内的群体目标与学生的个体目标协调一致，相互促进，使班级内的所有力量融合成为一个总的力量而产生一种新的力量，也就能最大限度地发挥班级群体和个体的潜在力量，使学生的主体性得到充分发挥。因此，学期开始首先组织班委讨论本学期学校的工作计划，根据本班的实际情况，确定奋斗目标（校先进班集体），依据目标制订班级工作计划，然后在班会上，组织全体同学讨论修改。在讨论中，准确把握大多数同学的意见，充分体现学生的主体性，增强学生的主体意识，使他们更加自尊、自信、自强、自立、自爱，更积极、主动参与班级的管理，自觉遵守校规校纪、《中学生日常行为规范》，更具有义务感和责任感。

2. 学生自我管理，培养自立能力、发展创造能力

学生的自我管理，更体现了学生的主体性，更能培养学生的自主能力，在班级的管理中让学生自主管理，班主任要把握好自己参与的度，既不能放任自流，也不能包办一切，在充分发挥班主任的主导作用时，要给学生留有思考和想象的余地，使学生主动、独立地发展，让学生自我管理，就是要给学生一个实践的舞台，充分发挥学生的个性特长，养成独立思考，乐于求新、求异的精神，逐步提高自己的创造能力。

在班级的自主管理过程中，必须建立起较为完善的管理机制，否则会造成无人负责、无人管理的"放羊"形式，要完善自主管理机制，首先必须健全班级各项规章制度，使学生的管理有章可循、有法可依。班规的确定要根据学校的要求，在学生讨论的基础上，根据民主集中制的原则，从学习、纪律、品德、体育、卫生、日常行为等方面对学生提出明确、具体、有针对性的规范要求。由于这些班规是学生自己参与确定的，在执行中学生都较为自觉遵守。其次要根据班规，建立一整套学生自查自纠、值日班干部督促检查的自主管理的监督机制，从制度上保证学生自主管理能真正落到

实处。

班级的管理是长期、复杂的过程，学生的自主管理难免会出现各种各样的问题，班主任应定期或不定期地进行检查，并在工作上给学生指点和帮助，使班级的管理工作做得更好，不偏离正确轨道。

在班级管理中，让学生自己去主动地安排计划，选择方法，勇敢地面对困难，承担责任和义务，同时要让更多的学生在集体中承担责任、服务于集体，这不仅能增强学生集体意识和班级的凝聚力，而且能使学生获得班级管理主人的积极体验，从而激发主动参与班级管理的积极性，并从管理者的角色中学会管理他人，学会自我管理。

3. 激发自我教育欲望，提高自我调控能力

自我教育能激发和发展人的自主性，使人能主动地去追求自我完善，所以在班级管理活动中要注意激发学生产生自我教育的需要，主动在实践中锻炼、提高和完善自我。并由此提高自我调控能力，充分地发展自己的主体性。主体自我调控能力，是学生主体能动地选择、加工、改造外部世界传递的信息及施加的影响，从而使自身得以不断发展完善的能力。因此，要使学生不断地参与班级管理及社会实践，从活动中激发自我教育的欲望，发展和提高自我调控能力，形成正确的主体意识。

正确的自我管理、自我教育的意识，是学生能够在班级中自我管理、自我教育的前提条件，而正确的主体意识是不会自发形成的。所以在班级的管理中，对学生的自我教育班主任不能当旁观者，应该做具体细致的工作，只是将管变导、将绑化为疏，做场外指导，在平时的班级工作中有意识地培养学生正确的主体意识。

重言传更重身教

我国古代著名教育家孔子说过："其身正，不令而行；其身不正，虽令不从"，这句话讲出了一个朴素真实的道理："要想别人做到的，自己首先要做到"。肩负教书育人重任的教师，尤其要做学生的表率，正所谓"学高为师，身正为范"。

以身作则，是我国教育者的优良传统，古代伟大的教育家孔子教育学生不仅重以"言教"，而且重以"身教"，处处以实际行动感化、影响学生。孟子提出"教者必以正"，重视"以身作则"的原则。西汉教育家董仲舒说："善为师者，既美其道，又慎其行。"意思是说，要当一名优秀的教师，既要有渊博的知识、正确的教育方法，又要有高尚的品德、良好的行动，以身作则，为人师表。

一些外国教育家也主张教师要"以身作则"。17世纪捷克教育家夸美纽斯指出："教师的职务是用自己的榜样来诱导学生"。19世纪俄国教育家乌申斯基指出："教师个人的范例，对于青年人的心灵，是任何东西都不能代替的最主要的阳光。"言为心声，以身导行，做学生的榜样，是教师的第一要义。

被"班规"惩罚的李镇西

李镇西，男，1958年8月生，苏州大学教育哲学博士，语文特级教师，曾荣获四川省成都市优秀专家、2000年"全国十杰中小学中青年教师"提名奖。在班主任工作中，李镇西认识到，过去的班级管理模式实际上是"人治"。因为"人治"，教师很累，学生很苦；因为"人治"，教育不可避免地表现出较大的随意性；因为"人治"，班级成了班主任的影子；因为"人治"，师生关系成了"君臣关系"，使多年来提倡的师生平等互助的新型关系成了一句空话。

于是，从1987年9月李镇西老师在四川省乐山市乐山一中高一年级进校开始，尝试了一种崭新的班级管理模式："法治"管理。

他和学生们一起制定了"班规"，内容包括"学习纪律""寝室纪律""清

洁卫生""体育锻炼""值日生""班干部""班主任""其他"共8个部分40条，每一部分中又有若干具体细则，基本上覆盖了班级管理的各个方面、各个环节。班规还专门设了"班主任"一项，对班主任订下许多制约规定。班规的每一条都写明了执行者，并对执"法"不严者也有明确的惩罚规定。

1987年11月29日，李镇西刚任班主任的乐山一中高87级1班学生正在为参加学校歌咏比赛在礼堂排练。

可担任领唱的张小琳同学不知何故不愿领唱了，李镇西老师耐心地给她做工作，可她仍然不愿领唱。

"你不唱就给我滚出去！"

最后，李镇西还是忍不住了，话一出口，他便意识到自己过分了。

张小琳虽然满脸不高兴，但总算还是唱了起来。

事后，李镇西真诚地向学生道了歉，而张小琳也真诚地说："不，还是怪我当时使性子……"这件事也就算解决了。

谁料到，李镇西第二天早上一走进教室，就见黑板上写着一行大字："李老师昨日发火，罚扫教室一天！"

于是，作为班主任的李镇西只好认罚。他说："看来，面对班规，我想赖账也是不行！今天放学后，由我扫教室，而且保证教室清洁，分数达到10分，否则重扫！"

当天下午放学时，李镇西正在市里开会，但他仍然提前匆匆赶回学校。当李镇西走进教室时，看见宁玮、赵琼等几个住校女生正准备打扫教室。他赶紧冲过去夺下她们手中的扫帚："你们不能扫！今天该我一个人扫！"

正因为李镇西老师在他的班级实行了"法治"治班、民主治班，制定班规，而且班主任带头遵守，能够以身作则，所以班级氛围和风气非常好。李镇西老师说："班级的日常工作基本上不需要我操心，一切都交给'制度'"。

由于长期以来受传统文化中"师道尊严"的影响，至今仍阻碍着我们的教育走向民主和平等。在很大一部分教师心目中，民主与平等的概念比较淡薄，有的教师说着、写着"师生平等"的文字，但在行为上总是或多或少、有意无意地表现出程度不同的高高在上或者理所当然，更有一些"善良"的教师不自觉地用自己的"好心"损伤着学生的尊严和感情。"如果我们承认教育的对象是活生生的人，那么教育过程绝不仅仅是一种技巧的展示，而人

应该充满人情味，充满对人的理解、尊重和感染，充满民主与平等的现代意识，要求学生要做到的，教师首先应该做到，教师的榜样力量是无穷的，它胜得上一千句一万句的说教。"李镇西是这样说的，也是这样实践着的。

《伊索寓言》里，有这样一则故事：

一天，螃蟹妈妈疑惑不解地问她的儿子："孩子，你为何要这样横着走呀？向前直着走，不是轻松方便得多吗？"

"亲爱的妈妈，您说得一点也没错。但若您能示范向前直走的模样给我看看的话，我一定会照着您的样子来走路。"小螃蟹如此回答他的妈妈。

螃蟹妈妈试了几次，却总是徒然。最后，她只得默默地走到一旁，再也不对儿子提起此事。

这则故事说明了一个很简单的道理，自己做不到的，很难要求别人做到，至少是无法理直气壮地要求别人做到，从上文案例呈现的事例中我们看得出来，身为班主任的李镇西是"深谙"这一点的，他以身作则，率先垂范，甘受班规"惩罚"的精神，不仅感化了学生，使得班规的施行可以"畅通无阻"，也反映了一个教师高尚的道德品质和超群的育人技巧。

美国著名学者布鲁纳认为，教师不仅是知识的传播者，而且是示范者。教师的一言一行，学生不仅看在眼里，还会极力模仿。教育心理学表明，教师的榜样作用对学生的影响是巨大的，从幼儿到大学生都有模仿教师行为的倾向。所以教师必须言行一致，用文明健康、积极向上的言行教育和感染学生。

"要散布阳光到别人心里，先得自己心里有阳光。"法国著名思想家罗曼·罗兰的这句话告诉我们，每个人都无法给予别人自己没有的东西，要想引导别人向着高尚的道路前进，首先自己就要是一个行走在高尚道路上的人，作为教师，对于学生的影响，最具有力量的人格的影响，品行的感染。在现实的教育实践中，教师应注意以身作则，切实发挥"身教胜于言传"的无穷魅力。

1. 教师要有高度的责任感

教师主要是在教育岗位上通过教育教学工作，为祖国服务，为人民服务，因此教师的爱国之情和报国之行，就集中地表现在对工作的责任感和强烈的事业心上。在教学工作中，教师应该认真备好每一堂课，钻研业务，吃透教材，加强批改，耐心辅导，把全部的精力都投注在孩子们身上。教师这样的

行动可以为孩子树立克服困难、积极向上的榜样，同时更能激发他们学习的主动性和遵守纪律的自觉性。

2. 以身立教，以言导行

教师职业的特殊性在于育人，这不仅要求教师通过语言去传授知识，而且更需要用自己的灵魂去"传授"品格。古语说得好："桃李不言，下自成蹊。"证明人格感化是教育的重要因素。所以教师无论何时何地都必须"以身立教，以言导行"，成为学生的表率。

一位身兼班主任的数学教师，为了学生的自觉按时到位，每天早上六点半到校，和学生一起打扫卫生，开始，有的同学迟到，但这位教师每天都按时来，学生也就不迟到了。他们说："老师风雨无阻准时到校，无非是想鼓励我们学好基础，考出好成绩，我们要是再迟到，也就对不起老师了。"

实践证明，榜样的力量是无穷的，教师是学生生活中的"重要他人"，很多的时候，说上一万句话，不如自己亲身实践一次，教师在具体的行动中折射出的人格魅力，对于学生的影响，是怎么表达也不会过分的。

3. 用炽热之心来感化学生

教师的以身作则，很大程度上是一种"爱的艺术"，在这种艺术里，教师对学生的"爱"胜过"千言万语"的说教行为。相关的实践证明，教师热爱学生不仅是一种高尚的道德情感，而且是一种强大的教育力量。教师的爱能够拉近教师与学生的距离，从而在师生之间架起一座信任的桥梁。学生把教师当成可以信赖的人，这样对教师的教育就更容易接受；同时，学生信赖教师，也愿意向教师打开自己的心扉。亲其师，信其道，只有学生发自内心地接受了教师，教师的言行才能给学生的心灵刻上深深的烙印。

育人重在育心

我国著名的教育家陶行知先生说过："真的教育是心心相印的活动，唯独从心里发出来的，才能打到心的深处。"作为教师，不仅要传授学生知识，更要关注学生心灵的成长，让学生拥有一个完善健康的心灵，应该是每一个教师最终的教育目的。

教育是一种关怀，教育以其独有的方式，关怀儿童，关心成长，关爱生命，关注幸福。教育的终极目的，是让灵动的生命都能享受一种健康、智慧、自由自在的生活，体验生命的和谐与尊严，享受人性的舒展与自由。教育关注的是人的自由与幸福，从根本上说，教育是关注学生心灵的成长活动。

世界卫生组织明确地把"健康"定义为："不但没有身体的缺陷和疾病，还要有完整的生理、心理状态与社会适应能力。"这表明人体的健康不仅是躯体及生理上的正常，还包括健康的心理与健全的人格。因此，作为教师，关爱学生心灵的健康，是义不容辞的责任和义务。

世界也许很小很小，心的领域却很大很大。教师是在广阔的心灵世界播种耕耘的职业，这一职业应该是神圣的。愿我们以神圣的态度，在这神圣的岗位上，把属于我们的那片园地管理得天清日朗，以使我们无愧于自己的学生，以使我们的学生无愧于生命长河中的这段历史。

心海导航者——刘波

近些年，中小学生因心理问题而发生的教育事故屡屡见诸媒体，中小学生的心理健康状况越来越受到社会各界的广泛关注。2006年12月18日《光明日报》刊发了长篇文章《未成年人的心理健康问题令人担忧》，文章对这个问题进行了深入的思考，希望广大教育工作者对中小学生的心理健康问题加以重视，呼吁有关部门加强对该问题的探讨与疏导。而刘波老师已经在这条道路上跋涉了多年并已经成为国内中学心理教育的佼佼者。

2006年7月14日，全国首届中小学心理健康教育十佳颁奖活动在国家教育行政学院隆重举行。宁波市镇海区仁爱中学的刘波老师成为全国最年轻的十佳作者之一。2006年8月，他被邀请到广东省心理健康教育先进学校——

中山市中山纪念中学三鑫双语学校，成为该校聘请的最年轻的客座讲师。

教育部《关于加强中小学心理健康教育的若干意见》颁布以来，心理学和教育学专业的毕业生开始进入中小学担任专职心理教师。在这一大背景下，刘波于2001年成为宁波市仁爱中学的一名专职心理教师，从此开始了他"心海导航"的历程。

"提高全校学生的心理素质，充分开发他们的潜能，培养学生乐观向上的心理品质，促进学生人格的健全发展。"这是刘波在工作伊始对自己工作的定位，从那时开始，他一头扎进了"快乐"导向的心理健康教育模式的实践与探索中。

刘波非常反对有的媒体片面夸大学生心理健康问题的言论，他认为学生的很多问题都是一般心理问题，属于成长中的烦恼。不可否认，现在的学生承担着很多的压力，这些压力如得不到有效缓解，的确会影响到学生的心理健康。但学生的很多心理问题都不属于心理障碍，这样误用、滥用心理专业名词只会给学生带来消极的心理暗示，是不利于他们的心理健康的。

刘波在学生中很有人气，学生也很乐意向他倾诉自己的烦恼："有几个同学老是说我崇拜的人的坏话，我心里很难受，恨不得去打他们一顿。""我老是担心考试考不好，心里很烦恼。""我和某位男同学多说了几句话，大家看我的眼神就怪怪的。"……学生们的这些烦恼都是刘波心理课上需要解决的问题。因为心理课的内容具有很强的针对性，所有学生都能全身心参与，在宽松和谐的课堂气氛中，他们的很多心理困惑也随之得到了解决。

关于性教育的问题，教育界一直讳莫如深。然而，刘波老师巧妙地帮助学生解决了这方面的困惑。

教室里，一群学生时而凝眸沉思，时而相视一笑，时而争相发言……虽偶尔会面带羞涩，但眼神里满是渴望和热切，看得出，每个人对正在讲的内容充满了兴趣。这是刘波老师青春期健康教育课上的一幕。让学生能坦然面对他们身体的变化，减少困惑，才能使他们快乐地度过青春期这一人生中最美好的阶段。

一位曾受早熟困扰的男生在周记里写下了这样的一段话："在心理课上，刘老师给我们讲了青春期方面的知识，这节课在我们全班引起了很大的反响，刘老师还向我们推荐了《少年心事》这本书。我是班里个子最高的，应该属于发育比较早的，因为有些事情不能跟父母、老师和同学交流，我感到很困惑。刘老师结合《少年心事》上一个男同学的困惑，给我们讲了很多青春期

方面的科学知识，对我启发很大。课后，我就直奔新华书店，买了《少年心事》这本书。"

"看了这本《少年心事》，我知道了很多关于青春期的知识。看了书之后，才知道原来那些通过同学了解到的知识都是片面的。正值青春期的少男少女——像我，有许多自己生理或心理上不能与别人讨论的问题，在这本书上，都有详细的解释答案，使我免去了心中的不安和忧虑，就像放下重担一样。是刘老师为我打开了这扇神秘之门。谢谢刘老师！"

"做一个心理健康的人，面对任何情况，最终都要自己把自己给摆平了，我们要学会心理调节的正确方法和相关的技巧。"幽默的语言使他的课堂经常充满欢声笑语。在谈及为什么喜欢心理课时，有一位学生抒发了他的心声："心理课能使我们感到快乐。期末考试前，我感到很紧张，心理课上的考试心理调节让我不再过于紧张，我不会再做考场上的'克拉克'了。"

刘波就是这样有针对性、有意识地引领学生走出学习、情感、人际交往、青春期等方面的心理困惑，从而走进快乐成长的教育情境的。

现在，刘波正关注中小学生网络成瘾的问题研究。他敏锐地感觉到，培养网络创新人才，使青少年远离网络成瘾毒害的问题，必将成为心理健康教育领域的新课题。

"和谐社会首先要有和谐心态，保护未成年人更要护心，我相信，心理健康教育必将在和谐校园建设中发挥更大的作用"，在接受笔者采访时，畅游心海的刘波老师对自己的事业充满了自豪。他说，用心投入心理健康教育这项不断发展着的事业中去，在提高学生幸福指数的同时，自己的幸福指数也在成倍增长……

其实，在我们的概念里，学生心灵的成长要远比心理健康教育的内涵广泛得多，也抽象得多，甚至可以说，教育的全部含义，都可以归结为学生心灵的完善和成长。但毫无疑问的是，学生的心理健康，是心灵成长中一个非常重要的方面。

刘波老师是一名普通的心理教师，也是一位优秀的心灵导师，一位心海导航者，让学生稚嫩的心灵，驶向安全的港湾的导航者。

没有一个健康的身体，我们无法在这个世界上进行生理意义上的生存，但没有一个健康的心灵，我们则无法进行精神意义上的生存。身体和心灵相比，后者才是决定人之所以为人的本质所在。

在现代学校中，教师的具体工作是通过课堂教学传授知识，但在这些表象的背后，则是学生心灵的完善和成长，即使是最初的教育，也是直指人的心灵的。因为，教育从最简单的意义上来讲，是一种影响，而影响，只能是精神和心灵意义上的。

在现代压力过大的社会竞争中，学生心理问题的存在已是一个不争的事实。受社会负面影响，现在的初中学生在心理上或多或少存在一些障碍，产生封闭或半封闭的心理，或疑惑，或迷惘，或冷漠，有的学生不与同学交流，不与教师交流，甚至不与家长交流，却与社会上的人交朋友，无话不谈，使老师很难摸准学生的心理，教育和管理上往往处于被动局面。

著名教育家苏霍姆林斯基说过："教师的教育意图要隐蔽在友好的无拘无束的气氛中。"这道出了教师只有悄然走进学生心灵，方能巧治学生心病。教育工作的对象是人，具体地说，是人的心灵，教师与学生要进行心灵的沟通，做好学生的心理疏导工作，让有心病的学生健康成长，让他们拥有一个良好的心灵，让他们天天拥有一片晴朗的天空。

育人关键在于育心，而育心的关键则在于找对方法坚持。

孩子对事物的认识还不全面，易变善改，特别是对于一些日常行为习惯不符合要求的孩子，他们的心理成长过程更需要我们老师比较多的关注，在这个过程中，教师正确的观察、合适的引导与持之以恒的态度就显得非常重要。

1. 正确的观察

教师的观察是非常重要的，孩子天天有事发生，或者时时有事，而当这些事发生的时候，我们如果没有正确的观察就不可能有正确的判断，而失误的判断在很多时候不经意地会给孩子带来心灵的创伤。

不深入观察孩子的行为表现，或者观察得不正确还会带来思维定势，这是个更麻烦的问题，打破看孩子的"有色眼镜"也是育心的重要前提。对孩子们来说，教师对他们的关注比任何东西都重要，不仅仅是因为成长的需要，更是孩子在这个过程中获得的成功与愉悦是他们成长的最好动力。

2. 合适的引导

所谓引导，是教育的一种教育方法。学生的心理健康问题并不是一时就能解决的，立竿见影的效果并不是心理健康教育的特点。教师在对学生充分观察、正确判断的基础上，才能围绕学生的问题做出正确的引导。

有一点我们必须认识到的是，教师不能给孩子轻易地贴上标签，因为在

很多时候出现在孩子身上的问题并不是心理的问题，而是习惯的问题，或者是偶有不拘行为，这应该视之为正常范围之内的事。

所谓合适，就是针对性地进行正确教育。"好孩子是夸出来的"，这个道理我们都知道，但却不一定做得好，在很多时候，鼓励是一剂良药，称赞是动力的源泉，因为它们可以迅速地在孩子身上转化为内驱力而起效。

3. 持之以恒的态度

持之以恒不仅是当教师的职业需要，更是孩子成长的教育需要，反复出现的问题，可能并不是孩子本人的错，而是认识误差或习惯的问题导致了孩子的行为偏差。以持之以恒的态度帮助孩子纠偏就是良好的教育过程，我们可以把这个习惯视为教师应有的品质之一。

总之，在孩子每天的行为表现层下面，是一个个成长的心灵，而心灵的成长才是人的真正成长。身为一名教师，一定要记住，帮助和引导孩子心灵成长，是我们神圣的职责。

与学生共同制定班规

俗话说："国有国法""家有家规"，同样的，一个班级也应该有一个班级的"班规"。

我们在班级管理中，要确定出统一的"规范"和"标准"，使各项工作都有章可循、有据可依。因此，班规有它的科学性、稳定性、群众性和严肃性的特点。这就使我们在班级管理中可以克服盲目性和随意性，使学生养成遵纪守法和认真负责的良好道德风尚，也便于我们对工作进行检查和验收。所以，从这一方面说，我们也必须制定一套班级规章制度。

班规最能体现班主任的治班理念。因此，作为班主任，应该对这项工作高度重视。那么，怎样才能制定出一套科学规范又富有特色的班规呢？

我们先来看著名教育家李镇西老师在担任乐山一中高 90 级 1 班班主任时，制定班规的具体做法。

第一，引导思想：对三个问题的讨论。

新生进校，我便向大家提出三个问题：一是你们是否希望这个班最终成为一个好的集体？二是若要让我们班成为好集体，需不需要每个人都克服自身的弱点？三是为了保证同学们为了集体的利益而克服自身的弱点，需不需要制定一个"班规"？

读到这里，我担心有的教师会产生一个认识上的误区，即认为我是在发动学生找缺点，而不是像有的优秀班主任一样，引导学生发现自己的"闪光点"。我这样做，是不是违背了尊重学生、信任学生的教育原则？对此，我是这样认为的，我们固然应该引导学生增强自信心和自豪感，但同时也要让学生有"人总是有弱点的"的清醒认识——无论对自己还是对他人，具备这个认识非常重要（其实，迄今为止，所有体现人类文明与进步的法律无不是建立在对"人性的弱点"的理性认识之上的）。因此，我这里的着眼点是引导学生集体预测在创建美好班级的过程中可能会出现哪些阻碍，进而提出防患措施，而不是让学生一个一个地检讨，暴露自己的缺点。何况，启发学生

自省与鼓励学生自信并不矛盾：在自信的前提下，全面地自省；在自省的基础上，科学地自信。在引导学生认识代表着希望与成功的另一个"我"的同时，又引导学生正视自己的缺点与弱点，这才是全面科学的引导。

经过讨论，学生们对这三个问题都能做出肯定的回答。这也在教师的意料之中，因为我坚信，即使十分散漫的学生也真诚地希望自己能生活在一个班风良好的集体之中。而全班同学都"希望班集体好"，这正是"法治"管理赖以实行的最根本的思想基础。因此，这第一步引导虽然容易，但非常重要，不可忽视。

第二，统一认识：班规与《中学生守则》不尽一样。

一说到"班规"，有学生提出疑问："国家已经制定了《中学生守则》《中学生日常行为规范》，学校也有各种规章制度，我们制定班规是否多余呢？"还有学生说："在小学和初中，我们班也制定过不少班规之类的东西，但很少坚持执行。我们现在制定班规，会不会也流于形式呢？"

我这样向大家解释的："《中学生守则》《中学生日常行为规范》当然不错，但毕竟不可能具体包括一个班级的各种情况，而我们即将制定的班规，正是《中学生守则》、《中学生日常行为规范》中有关纪律要求的具体化。另外，《中学生守则》等条令虽然对中学生提出了合理的规定，但这些条令本身并不带强制性，在执行过程中，人们一般认为这只是提倡而非强迫，学生违反了《中学生守则》、《中学生日常行为规范》也无相应的惩罚措施，久而久之，本来合理的规章制度最终便成了一纸空文。因此，我们制定的班规不应仅仅是道德提倡，而应是行为强制，应具有法律般的约束力，使之真正切实可行。"

实际上，班规的产生过程与《中学生守则》等条令的产生过程也有区别。由于种种主客观原因，《中学生守则》《中学生日常行为规范》等往往不可能先由每一个学生自下而上地反复讨论制定，而主要是由教育者一手制定（当然也征求了各方面意见，并力图切合学生实际），这样便容易让学生产生逆反心理，执行起来自然被动勉强。而班规一开始就要让每一个学生参与制定，使学生觉得"这不是老师在约束我们，而是自己对自己的约束"。

第三，确定原则：可行性、广泛性、互制性。

班规当然不是法律，但它必须具有"法治"精神，"是行为强制而非道德提倡"，其产生过程是自下而上由守法人自己制定的，都体现了"法治"

精神。但这些还远远不够，在具体的班规内容上，其"法治"精神还应具体表现在三个方面："可行性""广泛性""互制性"。

所谓"可行性"，含义有二：一是提的要求、规定应符合实际，便于监督检查，不能提一些虽然合理但难以做到的要求；二是不仅仅提出纪律要求，还应同时有相应的强制措施，明确"违反了又怎么办？"否则，班规很可能又成为一纸空文，无所谓"可行性"。

所谓"广泛性"，是班规应尽可能地包容班级一切可能出现的违纪情况，以后凡是班内出现了违纪现象，老师和同学都可以从中找到相应的惩罚措施，做到有"法"可依。

这里，又涉及一个极易引起误解的问题：教育中的惩罚。我认为，在学校，任何形式的体罚都必须杜绝，因为离开了对学生的爱与尊重，就谈不上任何教育；同时，科学而成功的教育又不能没有惩罚。但是，教育惩罚不是体罚。我理解的"教育惩罚"，是对不良行为的一种强制性纠正。这既可以体现在精神上，也可以体现在行为上。前者如扣操行分或纪律处分（警告、记过等），后者是某些过失补偿性行为（比如做卫生不认真而罚其重做等）。这些惩罚与尊重学生并不矛盾，正如著名教育家马卡连柯所说："确定整个惩罚制度的基本原则，就是要尽可能多地尊重一个人，也要尽可能多地要求他。"

所谓"互制性"，即班规既应体现出学生之间的互相制约，更应体现出师生之间的互相制约，特别是学生对班主任的合理制约。也就是说，"班规"不仅仅是对学生的管理，同时对班主任也具有责任监督、权力限制内容（这点，是我主动向学生提出来的），而且应把这个监督权、限制权交给学生。

我要特别强调学生监督教师的意义。我让学生监督我，绝不是以"严于律己"的"高尚品德"来博取学生的"崇拜"，或"以身作则"使班规能够顺利实施；而是给学生树立一个观念：任何人都是有弱点的，因此任何人都需要制约。一切把班主任神圣化的认识都是危险的。

第四，拟制"班规"：让每一个人都成为"立法者"。

学生的认识基本统一后，我又问学生："这个班规应由谁来拟制？"大多数学生都说："当然是李老师啦！"也有少数学生说："由班干部！"——竟没有一个人说："应由我们自己！"

　　我又开始引导学生："这个班不只是李老师的而是每一个同学的，要求这个班好也是每一个人的希望，制定班规同样是你们每一个人的意愿，那么，这个班规理所应当由班上每一个人拟制。"我之所以要让学生自己拟制而不是由我拟个初稿交学生讨论，是因为我希望学生从一开始就意识到：班规是我自己制定的，而不是老师强加给我的。更重要的是，学生自己草拟班规，使他们一开始就不知不觉地进入了自我教育、自我管理的角色。

　　当学生每人都交上了一份"高90级1班班规（草案）"后，我要求学生干部进行整理、归纳、加工，形成初稿，然后交给全班同学反复讨论、修改。由于大家都认识到班规正式形成后的权威性，所以大家讨论极为认真，他们根据"可行性、广泛性、互制性"的原则对初稿进行了字斟句酌的推敲。

　　比如，对"惩罚办法"的确定，开始有人提出罚款，但多数人不同意。又有人提出罚站、罚作业等，仍未得到多数同学的认可。经反复讨论，大多数同学决定根据不同情况、不同程度的违纪现象采用这几种惩罚办法：为同学们唱一支歌（适用于较轻的违纪）、做值日生（违反课堂纪律影响同学学习，以此来为集体服务，表达歉意）、扫教室（影响了环境卫生，自然应该用自己的劳动弥补过失）、跑步（主要适用于不认真锻炼身体或违反体育课纪律的同学）等。又如，对于迟到的惩罚，最初规定："凡迟到一次，便当值日生一天。"但多数人觉得绝对不迟到难以做到，于是便改为"全学期迟到不超过6次，否则，超过一次便当一天值日生。"这看起来似乎放松了对学生的要求，但实际上避免了绝对化、"一刀切"，而使班规更符合实际、易于执行。这些都充分体现了班规的"可行性"。

　　整个班规包括"学习纪律""寝室纪律""清洁卫生""体育锻炼""值日生""班干部""班主任""其他"共八个部分40条，每一部分中又有若干具体细则，基本上覆盖了班级管理的各个方面、各个环节，这便充分体现了班规的"广泛性"。班规的每一条都写明了执行者，并对执"法"不严者有明确的惩罚规定。例如，"在教室里随地吐痰、扔纸屑脏物者，一经发现，罚其扫教室。此项由生活班委监督执行，如生活班委监督执行不严，罚其扫教室。"这就防止了班干部有"法"不依、执"法"不严的现象。同时，在我的主动要求下，班规专门设了"班主任"一项，并对我有如此规定："每月出现下列情况中任何一种，均罚款两元或罚扫教室一次：①对学生发火超过

一次；②上课拖堂两分钟以上；③错批评学生一次；④用不文明语言侮辱同学的人格；⑤未经同学允许占用自习课上语文；⑥执行本班规不严。对班主任的惩罚，由班长执行，全班同学监督。"班规还特别规定："全班同学每月以无记名形式对班主任工作投一次信任票，信任票未获半数，罚独自扫教室一次；连续两次未获半数，由班委向校长写投诉信。"这充分体现了"班规"的"互制性"。

第五，执行班规："班规面前，人人平等！"

经过两周时间的反复讨论、修改，最后由全班同学以无记名投票方式通过了"高90级1班班规"。班规一旦正式生效，便成了班级"法律"。在它面前，班上任何人（包括班主任）既是守"法"者，又是执"法"人。不管是我，还是学生干部，或是普通学生，平时的班内管理，便是共同全力保证班规的严格执行。面对班规，人人都有权利，同时人人都没有特权。对班主任来说，维护班规的权威，便是维护自己的权威；对学生来说，维护班规，便是维护自己的尊严，而教师的权威和学生的尊严都已通过班规转化为集体的意志。

以后三年的事实证明，班规的产生的确推动了良好班风的形成。而从高90级1班开始，十几年来我每带一个班无不实行"法治"管理。

通过把教师（主要是指班主任）的权威转化为学生集体的意志，引导学生制定出科学民主、严明可行的班规是变班级管理"人治"为"法治"的有效尝试。其意义并非只是"被动管束"学生，而是使我们的班级管理更加科学、更加民主。

班级"法治"管理，使教师从繁重的事务性劳动中解脱了出来，能够有更多的时间深入学生心灵，使班主任成为真正的"灵魂工程师"，而非"班级警察"或"学生保姆"，同时使学生成为了班级的真正主人。可见，制定班规是一件一举多得的好事情。

那么，班规作为一个班级规章制度体系，应包括哪些具体制度呢？一般说来，应当有以下内容：

作业布置原则、完成标准及师生违规的处理办法；师生作息制度；师生相互尊重人格尊严的规定；有关卫生保持、值日和扫除的规定；有关课堂违纪行为的界定与处理办法的规定；有关学生在校其他纪律要求与违纪处理办

法的规定；师生物品的处置；尊重和保护师生的隐私制度；学生爱护公物的规定；班费的来源、使用与定期公示制度；学生表扬制度等。

下面是某校一位班主任老师与学生共同制定的班规之一，摘录于后，仅供参考。

师生作息制度

一、师生严格遵守学校的作息制度

老师严格按照学校的作息时间表上课下课，学生也严格按照学校的作息时间表上学、放学、上课、下课。班主任和任课老师均不得擅自加课，包括双休日和节假日时间，也包括平时要求学生提前上课和放学后加课（教师征求学生的意见，学生在能自由表达愿望的情况下表示自愿的除外，且加课对象只限于表示自愿的学生。即使这样，加课也不得晚于学校规定的离校时间）。

二、师生上课迟到

1. 老师在打了正式上课铃（不论第几节课）之后到达教室为迟到，应当就自己的迟到行为向全体学生致歉，说："请同学们原谅（或谅解）"。

2. 学生上午迟到的界定：除卫生值日的学生之外，晚于第一节课上课时间之后十分钟到校为迟到。

学生下午迟到的界定：除卫生值日的同学之外，晚于第一节课预备铃时间到校为迟到。

其他上课时间迟到的界定：在打了正式上课铃之后到达教室为迟到。学生应当就自己的迟到行为向全体学生和老师致歉，说："请老师和同学们原谅（或谅解）"。

3. 班长要及时将同学的迟到情况向班主任通报。

4. 班主任在班级考勤表上做学生迟到记录。当天迟到的同学放学后留校，由班主任与之共同探讨杜绝迟到的办法。学生迟到累计达到三次，放学后留校写出不少于500字的检讨，班主任通知该生监护人，由班主任、迟到学生和学生监护人共同探讨该生如何克服迟到的问题。

三、学生早退和老师拖堂

1. 学生早退

学生提前离开课堂须有其监护人的病假条或得到老师允许，否则按照早

退处理。处理办法与迟到相同。

2.老师拖堂

（1）老师拖堂的危害：

第一、侵害了学生的正当休息权；第二、不利于学生恢复体力和精力，不利于学生处理必须处理的事情；第三、影响了下一节课的学习；第四、引起学生反感，不利于这门功课的学习；第五、破坏了学校规章制度的严肃性，使学生认为学校的制度不过是摆设，可遵守也可不遵守。

（2）因情况特殊，老师征得同学们同意后，下课后最多可延迟1分钟结束功课。

（3）对于拖堂的老师：第一次出现拖堂的，下课后由班长予以提醒或由班长报告班主任，由班主任予以提醒，并进行记录；第二次的处理办法与第一次相同；第三次由班长或班主任进行第三次提醒的同时，由班长代表全体学生，最晚不迟于下一节课，课间到教务处反映该教师三次违反规定的拖堂行为。

四、学生课间与考间休息

1.学生课间和考间休息时间是学生的正当休息时间，教师的下列行为属于侵害学生正当休息权的行为，也是只顾自己学科的教学，侵害其他学科教学，进行不正当"竞争"，使全校教育教学处于无序混乱状态的错误行为：

（1）不是学生主动提出问题，而是老师将学生叫到自己办公室或其他地方强行进行"补课"；

（2）对学生进行小范围或大范围的知识"检测"；

（3）让学生记忆背诵自己一科或其他考试科目的知识。

2.征得学生同意，对学生讲解其存在的某一知识缺漏不在侵权之列。

3.对于侵害学生课间、考间正当休息权的老师，被侵权的同学应立即向班长反映，由班长予以提醒或由班长报告班主任，由班主任予以提醒，并进行记录；第二次的处理办法与第一次相同；第三次由班长或班主任进行第三次提醒的同时，由班长代表全体学生，最晚不迟于下一节课课间到教务处反映该教师三次违反规定的行为。

五、学生旷课

旷课是指学生不能讲明正当理由的缺课行为。对于旷课（指每次旷课在

半天以内）的学生，班主任立即通知其监护人，并与其监护人共同查找造成该生旷课的原因。该生认识到错误后写出不少于500字的检讨，并做出保证。旷课（指每次旷课在半天以内）达到三次的学生，班主任向学校政教处提出书面处理意见。严重旷课（指恶意旷课每次达到三天或三天以上）的学生，报学校由学校按照校规进行处理。

六、学生请假

一般情况下，学生因病因事由学生监护人事先写出请假条由他人代交班主任，或者由学生监护人向班主任打电话请假。

特殊情况下，学生可事后补假，或由学生监护人向班主任打电话补假。

班规面前人人平等

稍有常识的人都知道，对于一个法治国家来说，制定一套科学严谨的法律法规并不是一件多难的事，难的是对法律法规一丝不苟的执行，以及"法律面前人人平等"理念的严格实施，这也是当前中国在走向法制化过程中最重要的环节。同样，对于班级管理来说，制定一套"合情合理合法"的班规并不难，难的是对班规不折不扣的执行，以及"班规面前人人平等"理念的实施，尤其是对班主任犯规的处理。在这方面，著名教育家李镇西同样为我们做出了榜样。

我们不妨先看看李镇西老师触犯班规后的"待遇"。

1999年4月12日，我回到了离开半个月之久的学校。

升旗仪式结束后，班长胡夏融递给我一个纸包："李老师，您走了以后，我按有关规定在班上搞了一次对您的评议，请同学们对您投了一次信任投票。这是结果。"

胡夏融所说的"有关规定"，是指"班规"第44条："每月全班以无记名形式对班主任工作进行一次信任投票，信任票未获半数，罚独自扫教室一次；连续两次未获半数，由班委向校长写投诉信。"

学生们是根据胡夏融提的四个问题对我进行评议的：（1）你是否给李老师投信任票？（2）你认为本学期以来，李老师的工作有什么值得改进的地方？（3）你认为李老师最应该保持的优点有哪些？（4）你认为现在李老师还存在哪些需要改正的缺点？

结果，全班59个学生中，有57个人投了信任票。

学生们认为我本学期工作中值得肯定的改进有"在多媒体教室上语文课""进一步减轻了语文学习的负担""让同学上台讲语文课""进一步放手让班委管理班级"等。

学生们认为我最应该保持的优点有"很民主""十分幽默""对

同学平等,一视同仁""不轻易批评同学""语文课很有吸引力""不歧视差生""对同学很亲切和蔼、很少对同学发火"等。

学生们给我提的意见和希望有"不要让我们和家长一起开家长会""不要经常出差""有时上课站姿不正""有时错批评同学"、"有一次下课拖堂没有受罚""不要点名批评同学""和我们一起玩的时候比以前少了"等。

第一节正好是我的语文课,在上课之前,我用了几分钟的时间谈同学们对我的评议。我首先感谢同学们对我的信任,特别感谢那两位没有给我投信任票的同学,因为他们提醒了我,我的工作还没有让所有同学满意。然后,我就同学们给我提的意见诚恳表态:"我无条件接受同学们的批评,努力改正缺点,进一步改进工作!"

由于这堂课我就学生对我的评议多讲了几分钟,所以教学时间就特别紧,以致下课铃响起时,我还没讲完,于是我不得不拖了几分钟的堂。

刚一下课,刘星岑同学就走过来说:"李老师,你拖堂了!"我一愣,正想表示歉意,但脑子里突然转了个弯,说道:"是的,我拖堂了。但是郭晓君同学没有追究我。"

我这里所说的"郭晓君",是按班规分工专门负责监督我的一个女同学。当时,我是这样想的:不错,按班规上的规定,我拖堂是应该受罚;但是,追究我的应该是郭晓君而不是刘星岑。刘星岑的认真和勇敢无疑是值得赞赏的,如果我听从了她的批评并接受惩罚,虽然也会让同学们感动,但这只能助长郭晓君的"玩忽职守"——以后,她很可能会更加掉以轻心:我对李老师的监督严格不严格关系不大,反正有同学们帮我监督李老师。而其他学生对我的监督往往是偶然的(如今天的刘星岑)。这样一来,造成了执"法"过程中的漏洞,而班规上所规定的对班主任的民主监督便极容易成为一纸空文!所以,我现在不想对刘星岑认错并受罚,因为我想给以后的教育埋下伏笔。

刘星岑听了我的话,好像马上就去找郭晓君了,不知当时郭晓君的态度如何,反正我一直没有受罚。

两周以后的一次班会上,我和学生们定期对班规上的班务分工

进行评议。学生们对工作负责、执"法"严明的同学提出了表扬，对不太负责的同学也提出了批评。但在被批评的人中没有郭晓君。

于是，我发言了："我认为，有一个玩忽职守的同学应该受到批评，她就是郭晓君！"

我谈到了上次我拖堂的事："我当时的确拖堂了，但郭晓君同学为什么没有按班规罚我呢？可能是因为她胆小，不敢惩罚我；可能是因为她粗心，没有发现我犯这个错误；可能是因为她对李老师很信任，认为李老师严于律己因而不会犯错误；也可能是因为她工作不负责任，即使知道了我拖堂也懒得管；还可能是因为她想维护我的'威信'而袒护我……不管是哪一种原因，我们都不应该原谅！所以，我正是想以我的'不认错'给她一个教训，也给全班学生一个提醒：惟有民主监督，才是最可靠的！"

……

没过多久，我上课又未按时下课。这次，郭晓君同学毫不客气地走上来对我说："李老师，你拖堂三分零十六秒！对不起，我将按班规罚你。"

李镇西老师当然该罚！因为他违反了班规，班规面前人人平等——班主任犯规，与学生同罚。

但是，有些班主任也不免担心，这样做会不会降低教师的威信呢？

当然不会！

苏联著名教育家加里宁曾经说过："教师的世界观，他的品行、他的生活，他对每一现象的态度都这样或那样地影响着全体学生。"所以教师必须时刻检讨自己，他应该感到，他的一举一动都处在最严格的监督之下，世界上任何一个人也没有受着这样严格的监督，孩子们的几十双眼睛都盯着他，须知天地问再也没有什么东西，能比孩子们的眼睛更加精细，更加敏捷。

的确如此。

我国古代教育家同样很早就重视"身教重于言教"，所以在班规的制定和执行上，班主任一定要认识到，班规不光是针对学生的，也包括教师。当教师以身作则去维护、遵守班规时，就给了学生最好的教育，告诉学生们，

只要是班级的一员，就必须遵循班级制度。而且教师这样做，不仅不会降低自己的威信，反而会增强教师的人格魅力，增进师生之间的感情，也有利于其他工作的开展。

随着社会的发展，很多教师已经意识到这一点，并且做得非常好，比如魏书生老师、李镇西老师等。制定班规很重要，但是执行更重要，所以执行班规时，必须遵循民主和平等的法则。

奖惩两手抓两手都要硬

奖惩制度，可以说是班主任管理班级和教育学生的基本方法。作为班主任，往往要通过制定一系列奖惩条例，来约束和规范学生的行为，倡导优良的习惯和品行，达到激励和鞭策学生的目的，以此形成健康良好的班风学风，使班级和学生都能够得到尽可能的发展，从而营造一种和谐的人文氛围，这可以说是一个班主任孜孜以求的教育理想。那么，如何把握奖与惩呢？

一、奖与惩的常规举措

在校园里，我们经常会看到这样的情景：有的同学站在教室外面背书，有的趴在走廊上写作业，有的苦着脸在教师办公室站立了很久很久……究其原因，原来与教师的"家法"有关。几乎每个班主任对学生的不良行为都有具体严厉的惩罚措施，比如有的班主任就这样规定：①作业没完成罚抄 10 遍（后来由于学校规定罚抄作业不得超过 5 遍，班主任于是又改为"作业没完成罚抄两次，第一次 5 遍，第二次 5 遍"）；②卫生值日扣多少分罚值日多少天；③上网吧玩游戏，第一次全班公开检讨，第二次请家长，第三次停课，第四次……

当然，很多教师也意识到了奖励的作用，在制定班规的时候，既有惩罚，同时也增加了奖励的条例。

有位班主任制定的班规如下：

为创造良好的生活与学习环境，特制定班级管理条例。本班实行学生综合评定考核分制，每位同学每学期初始分数为 100 分。根据平时表现对照班级管理条例进行加分和减分，最后得分作为三好学生、优秀班干部、校园之星、班级之星及操行评定等推优评先的依据。

一、惩罚扣分条件

（一）学风方面

1. 上课认真听讲，凡做小动作、讲话、写纸条、看小说者 1 次扣 5 分：

2. 自习课（含晚自习）要认真复习，积极预习。凡聊天、讲话、无故离

开座位、调换座位、影响他人学习者 1 次扣 5 分；

3. 认真做作业，凡抄袭作业、无故不做者 1 次扣 10 分；

4. 无故旷课 1 节扣 10 分；

5. 默写作弊 1 次扣 10 分，并在班会课上宣读悔过书；考试作弊一次扣 20 分，该科考试作零分处理，并由政教处给予相应的行政处分。

（二）行为习惯

1. 上课无故迟到、早退 1 次扣 5 分；

2. 上网吧、打游戏 1 次扣 10 分，并由家长领回反省，由政教处给予相应的行政处分：

3. 打架、斗殴 1 次扣 10 分，并由家长领回反省，由政教处给予相应的行政处分；

4. 看口袋书、武侠、言情等书籍 1 次扣 10 分；

5. 班级学生内部闹矛盾，纠纷双方 1 次各扣 5 分；

6. 偷盗 1 次扣 10 分，并送政教处处理；

7. 破坏公物 1 次扣 10 分，并按原价赔偿；

8. 教室、包干区、宿舍全天候保洁，三项竞赛中落后的班组由班主任追究相应学生责任，并扣相应考核分；

9. 在早晨、中午、课间、晚上等非学校安排的活动时间内打球、踢球者 1 次扣 5 分；

10. 抽烟、喝酒 1 次扣 10 分，并由家长领回教育；

11. 化装、戴首饰、穿拖鞋等一切不适合学生的服饰进教室 1 次扣 5 分：

12. 宿舍熄灯后吵闹，影响休息者 1 次扣 5 分；

13. 带手机、小灵通、MP3 等工具来校，一经发现由班主任保管，学期结束归还，并 1 次扣 10 分；

14. 行为举止要文明，在校园内不骑车，违者一次扣 5 分；

15. 节约用水、用电，做到人走灯灭，人走水停，违者 1 次扣 5 分；

16. 准时参加年级聚会、活动，保证会场纪律与安全，违者 1 次扣 5 分。

二、奖励加分条件

1. 月考、期中、期末考试中，年级前 10 名者每次加 15 分，班级前十名者每次加 10 分，单科成绩班级第一名加 5 分，年级加 10 分；（不累计）

2. 月考、期中、期末考试中，进步者每次加进步名次相应的分值；

3. 标兵宿舍每舍、每人、每次加 10 分；

4. 上课配合老师，认真思考，积极回答问题，得到任课老师表扬者每次加 5 分；

5. 好人好事（如拾金不昧等）一件加 10 分；

6. 在各类活动、竞赛中获奖或为学校、班级取得名次的，每次加 10 分；

7. 其他为班级、年级、学校争光者每次加 10 分。

应该说，制定这份"班规"的班主任表现出了较好的管理理念和较强的管理才能，既有罚（减分）又注重奖（加分），培养了学生尊重"制度"的意识，倡导学生做好人好事，勇于进取的风尚。比起一般的做法来有了一些进步，效果肯定会理想一些。但是我们也明显看出，这种做法并没有摆脱重"罚"轻"奖"的传统思想，在很大程度上依然是一种强迫式、威胁式的教育方式。很多班主任为什么格外青睐"惩"而容易忽略"奖"呢？原因是多方面的：

首先，传统思想的影响根深蒂固。古人常说，玉不琢，不成器。当今许多教师深受其影响，总以为"严是爱，松是害"。

其次，功利主义"功不可没"。现实中，惩戒的效果往往比赏识的效果来得快，也更明显。教师对学生友善，学生就不怕教师，这在领导和同行眼里，就是没有能力管教学生的典型表现。有的教师就是因为管不住学生，从而丢掉了工作，而有的教师就是因为能镇得住学生从而被评为先进人物。某校一位体育教师代理班主任，那个班的学生马上就乖了起来，期中考试的成绩也有了很大进步。那个体育教师管理班级的方法很简单，非骂即打，人人畏惧。他也因此被学校评为优秀班主任。

再次，当今学生的独特个性使得教师不得不采取严厉的措施。当前的在校生，几乎都是独生子女，他们从出生以来就是爷爷奶奶、外公外婆和爸爸妈妈等无数只手掌共同托起的明珠，早已形成以自我为中心的意识，不想改变自己适应环境，只求环境改变来适应自己，从而给教师的管理和教育带来了极大的难度。所以许多教师无奈之下，只得采取压人、整人、唬人的手段来教育他们。

最后，教师缺乏持之以恒的教育观。很多教师也曾表扬和激励学生，但由于学生自我调控能力不强，时间一长，不良行为习惯还会出现。于是很多教师就武断地下结论：这样的学生是教育不好的，或者只能对这样的学生采

取强硬手段。更何况强硬的手段的确能够起到一定的教育作用。因此，许多教师就格外注重"罚"，而忽视了"奖"。

二、新课程理念下的奖与惩

新课程的核心理念是"以人为本"，全面发展。在这一核心理念的诠释下，教育工作者的职责就不能是压人、整人、唬人、骗人、捧人，而是了解人、关心人、疏导人、影响人、激励人；不是让所有的学生在教师面前低下头，而是要让每一个学生都能够抬起头来向前走。特别是对思想品行有待转变的学生，教师更应该用真诚的态度、善良慈爱的仁义之心去唤醒他们对自我缺陷的反思，促使他们运用自我意识和自我智慧对自我生命进行呼唤与拯救，从而将外在的奖惩感化变为内在的觉悟，使每位学生都能够获得应有的发展，只有这样才能够达到奖惩的最终目的，这也是我们教育的目标。

基于以上的认知，我们在把握奖惩时要做到宽严有度。既要有以奖惩制度为手段的严，又要辅以思想教育为主要方式的宽；既要强调对原则制度的遵守和坚持，又要把对学生的爱护和宽容放到重要位置；既要做到奖惩面前人人平等，又要追求因人而异，因材施教个性化教育；既要保持奖惩制度的原则性，又要让它带有一定的弹性。

另外，制定班规条约时，应该以"多做加法，少做减法"为原则。要尽可能采用奖励措施，尽可能不用惩罚措施。即能用赏识教育，就不用惩罚教育。美国著名心理学家雷·考伦德指出，惩戒是爱的基本方式之一，然而又是一种最令人棘手和带有风险的爱，因为学生容易抵触执行纪律、施加惩戒的人。智利教育家加·米斯特拉也曾说："让我的手在惩罚时变得脆弱，在爱抚时更加温柔。"所以，教师在采取惩罚措施时一定要慎之又慎。现实中，很多教师的做法值得商榷和反思：多做加法，少做减法！一次"加法"增加的是学生的一个闪光点，一份转变的自信；与之相反，滥用"减法"往往就会减少学生自我反省、自我谴责的内心空间，减掉了学生重塑自我的愿望和信心，强化了个人的短处缺陷，削减了自我教育的勇气。"加法"是帮助学生努力追求和获取的动力，是一种积极主动的人生进攻；而"减法"在无意识里却容易成为一种消极被动的人生防守。因为每个人的内心深处都渴望得到别人的肯定和认可，别人的肯定和认可又能够强烈地激励学生去创造更多的成就和价值。

1. 惩罚

遵循"以人为本"的理念和"多做加法，少做减法"的原则，我们可以把上面那套班规中的惩罚部分（即减法部分的内容）做如下变动：

初始分数为 0 分，上不封顶；以加分为主，扣分为辅；期末以 100 分为合格标准；每周一小结，每月一总结，期末为终结。最后得分作为三好学生、优秀班干部、校园之星、班级之星，操行评定等推优评先的依据。

（1）学风

①上课认真听讲。凡 1 周之内无做小动作、讲话、写纸条、看小说等行为加 5 分，否则每次扣 5 分。

②自习课（含晚自习）要认真复习，积极预习。凡 1 周之内无聊天、讲话、无故离开座位、调换座位、影响他人学习的行为加 5 分，否则每次扣 5 分。

③认真做作业。凡 1 周之内无抄袭作业或无故不做的行为，加 5 分，否则每次扣 10 分。

④诚信考试。考试无作弊行为，期中加 10 分，否则每次扣 10 分，并该科成绩作零分处理。

（2）行为习惯

①凡 1 周之内无无故迟到、早退和旷课行为，加 5 分，否则每次扣 5 分；

②凡 1 周之内无上网吧、打游戏等行为加 5 分，否则每次扣 10 分；

③凡 1 周之内无打架、斗殴行为加 5 分，否则每次扣 5 分；

④凡 1 周之内无看口袋书、武侠、言情等书籍加 5 分，否则每次扣 5 分；

⑤凡一学期之内无破坏公物的行为，加 10 分，否则每次扣 5 分，并按原价赔偿；

⑥凡一学期之内无任何违纪行为，加 20 分，如有其他违规违纪行为，每次扣 5 分。

只有把奖和惩融合在一起的奖惩制度，才能真正发挥出制度本身的激励和鞭策作用。另外，在执行上述奖惩条例的过程中，还可以辅以下列惩罚措施：

①看不健康书籍或者在课内看杂书的，罚读一本名著（由老师挑选），并罚写 800 字以上的读书笔记；

②在课堂内（包括自习课）聊天讲闲话的，罚给全班同学讲一个故事，并且要得到师生的认可；

③抄袭作业或者无故不完成作业的，罚帮相关的任课老师批改作业一次；

④上课不认真听讲，不认真做笔记的，罚替相关的任课老师上一堂课，并且和老师一同备课，包括搜集资料、设计教案等；

⑤卫生值日被学校扣分的，罚唱一首歌（并应得到师生的认可）；

⑥上网吧聊天玩游戏的，罚出一期黑板报或班报，内容要与"网络游戏或网上聊天对学生的危害"等内容有关；

⑦同学之间吵架打架的，罚当事者必须找出对方 5 条以上的优点；

⑧乱吃零食或者随意浪费的，或损坏公物的，罚给父母洗 1 次衣服，或者做 1 次饭等家务活，并且必须由父母出具相关的证明；

⑨不尊老爱幼，或者对父母提出物质方面的不切实际的要求的，罚帮父母洗 1 次脚，并且必须由父母出具相关的证明；

⑩不爱护卫生，如乱抛纸屑、随地吐痰等，罚制作 1 块标语牌，并亲自设计台词，如：某班是我家，卫生靠大家；爱卫生，做新人；讲卫生是珍爱生命的良好习惯等。

这种奖励式的惩罚措施，包含了教学的因素，把班级管理和教育教学有机地结合起来，巧妙地理顺了二者的关系，实现了管理为教学服务的目的。另外，对综合评定考核分不及格的同学，要编制帮困计划和措施，帮助他们达到合格的标准；对综合评定考核优异的同学，要给予相应的奖励。

2. 奖励

每位教师都有自己的一些奖励办法，但具有推广价值的却不多。这里介绍一些值得借鉴的奖励措施：

（1）荣誉奖

①骏马奖（奖励学习态度端正、品行优良、成绩优异的同学）；

②勾践奖（奖给基础虽差，但能发愤图强，进步显著的学生）；

③雷锋奖（奖给做好人好事的同学）；

④新风奖（奖给综合评定考核成绩优异的同学）；

⑤希望奖（奖给综合评定考核成绩进步显著的同学）。

（2）学科状元奖

语文：鲁迅奖；

英语：李扬奖；

政治：周恩来奖；

历史：翦伯赞奖；

地理：徐霞客奖；

化学：居里夫人奖；

物理：牛顿奖；

生物：达尔文奖；

数学：华罗庚奖。

奖品制作简单，重在精神和意义。可以是一本练习簿，一份荣誉证书，或者一份获奖证明，如：

奖

____×____×____同学：

在××中学高二年级第一次月考中，以____××____单科成绩____×____分荣获"____××奖____"！特发此奖，以资鼓励！并祝你在今后的学习中，再接再厉！

××中学高二（10）班

×年×月×日

（3）星级奖

学习之星；体育之星；文艺之星；劳动之星；德育之星；创新之星。（建立橱窗，贴上获奖者的照片，下面注明获奖种类及获奖者的姓名，并附上事迹简介。）

（4）光荣榜

把获奖者的名单张榜公布。

（5）嘉奖通报

以贺信的方式，向家长报喜。如：

贺信

贵家长：

您的孩子____×××____在××中学2005～2006学年上半年期末考试中，

以优异成绩荣获"___××奖___"！特来信祝贺，并祝您全家春节快乐！

此致！

××中学高二（10）班主任×××

×年×月×日

三、正确把握奖与惩的基本要求

（1）奖惩要以激励和鞭策全体学生共同进步为目的。

（2）奖惩要以精神鼓励为主，物质奖惩、金钱奖励尤不可取，要考虑到学生的身心需要，能否从中获益。精神奖励学生受益一辈子，物质奖励只能是一阵子。

（3）奖惩要实事求是。进行奖惩前，教师要深入调查被奖惩学生的实际情况，既要尊重有关的规章制度，又要依据学生行为的动机和效果，慎重确定奖惩方式，不能掺入个人的喜怒好恶。

（4）奖惩面前人人平等。奖励不可遗忘"后进生"，惩罚不能忽略"优等生"，"以人为本"理念指导下的奖励应该是一种鞭策性的奖励，惩罚应该是带有奖励式的惩罚，二者都是为了促进学生更好地发展。

（5）奖惩要取得学生集体的支持。奖惩首先要经过全体学生的集体讨论，学生讨论的过程，也就是一个受教育的过程。要让所有学生明白奖惩的缘由和意义，心中明白做什么、怎么做才是最有价值、最有意义的。

（6）奖惩要辅以宣传教育。使学生明白为什么应该奖励，又因为什么必须得受到惩罚，应以怎样的心态面对奖惩，奖惩对一个人的成长有什么帮助和作用，从而做到奖不骄，惩不馁；在奖励面前学会低头反思，在惩罚面前勇于抬头前看。

用人格魅力感染学生

教师是教育者和组织者，是学校进行教导工作的得力助手。教师对一个班的学生工作全面负责，组织学生的活动，协调各方面对学生的要求，对一个班集体的发展起主导作用。教师是学校教育第一线最直接的管理者和教育者。教师的自身素质修养，是做好教学工作的基本前提和先决条件，教师的责任重大，工作辛劳而光荣、平凡而有意义。也因为如此，对教师的素质提出了很高的要求。

所谓教师的人格魅力，就是教师的品格、知识、能力、感情等个人综合素质和人格力量吸引学生感召学生的影响力。教师高尚的人格会产生强大的感召力量和凝聚力，鼓舞学生向着共同的目标迈进，能激励学生努力学习文化知识，积极投身社会实践，做一个对社会有用的人。我们常听人说"为人师表"，也就是说教师在大多数人的心中，被看作一种表率和典范，他们的一举一动，都会对学生产生深刻的影响。特别是作为班主任，如果想很好地管理好自己的班级和同学，除运用权力外，人格魅力是相当重要的。

教师的人格魅力如春风化雨，润物无声，滋润着学子们的心田。它不是强求而是影响，不是制度而是感化，不是规范而是自律。它源于教师对人民教育事业的无限忠诚，对莘莘学子的无限热爱，有一种宽广的胸怀和一颗平易近人的心。

有这样一个故事，一定会让你更加明白教师人格魅力的闪光之处。

有一年秋天，北大新学期开始了，一位外地来的年轻学子背着大包小包走进了校园，实在太累了，就把包放在路边。这时正好一位老人迎面走来，于是这位年轻学子便走上去说："您能不能替我看一下包呢？"老人爽快地答应了。那位学子办理好各种入学手续风风火火地回来时，已经是一个小时以后了。他想这下可坏了，那位老人一定等得很急，恐怕早走了，却没有想到当他再次看到老人时，老人还在原地认认真真地看着自己的"大包和小包"。在那个年轻的刚来大学报到的学子眼里，老人就是善良和认真的化身。

几天后是北大的开学典礼，这位年轻的学子惊讶地发现，主席台上就座的北京大学副校长季羡林先生正是那一天替自己看包的老人。很难想像，在那一瞬间，这位年轻学子的心里该是一种怎样的震撼。他怎么会想到，如此的一位学界泰斗，一位学问大家，竟然会对一个普通学生给予无法言表的帮助。如果说这个年轻的学子以前崇敬的是季老的学识，那么现在让他更加崇拜的恐怕就是他崇高的人格魅力了。因为大家都知道，季羡林先生是学问家，东方文化研究领域首屈一指的学者。然而这个故事却让我们强烈地感觉到：人格才是最高的学位。我们不禁为老人豁达大度、平易近人的高尚品格击节高歌，他用无声的语言告诉了学子们做人的真谛，同时诠释了教师的涵义。

从这个很朴实的例子中我们不难发现，胸怀宽广、平易近人的品格对于一个教师来说是多么重要，而教师更加应该做这方面的典范，用宽厚博大的胸襟来包容学生，平等地向学生敞开心扉，而不是高高在上；坦然地面对学生剖析自己，而不是设法遮掩自己的缺点与不足。

总之，要让自己的人格魅力感染学生，教师就应该做到以下几点。

一、对待自己的事业要有责任心

责任心就是自觉把份内的事做好的心绪与情怀。教师是连接学校与学生之间的桥梁，是学生的组织者与管理者。教师的工作职责就是要保证学校布置的各项工作能够迅速及时、准确无误地传达下去，并积极带领学生通过各种组织形式，使工作得到很好的贯彻落实。另一方面，教师要经常深入学生，全面了解学生，及时掌握学生的思想动态，通过日常的学习和工作等各项活动，进行针对性的教育和引导，帮助他们树立正确的观念。如果没有责任心、没有奉献精神，只是将工作布置下去，由学生自己完成，是不会搞好班级工作的。

二、对待工作

1. 要有敬心

作为教师应该对教育事业有敬业之心和献身精神，这是做好教师的前提条件，只有这样才可以使你全心全意地投入工作中，做好本职工作，学生也才会亲近你，佩服你。

2. 要有钻心

教师的工作重心是学生，每位学生都有不同的生活经历，不同的性格特点、心理特点。对此，教师要认真钻研教育学、心理学，认真分析学生的特点，掌握较多的能适应学生的管理方法。

3. 要有进心

在教书育人过程中，教师首先要有进取之心，不断提高自身的心理素质、道德修养和管理水平。马卡连柯曾说过："学生可以原谅老师的严厉、刻薄，甚至吹毛求疵，但不能原谅他的不学无术。"这就要求教师要面向现代化，不断学习适应时代发展的新知识，才能使学生充分依赖你，敬佩你。

4. 要有恒心

恒心是做好教师工作的保证。学生的管理是一项长期的工作，不可忽冷忽热、忽紧忽松，必须常抓不懈。例如，学校的综合评比检查，包括了宿舍、纪律、卫生、迟到、课间操等方方面面的工作，能被评为"文明班级"，不仅是班集体的一种荣誉，也是教师工作能力的一种体现。虽是日常工作中的一些小事如自习纪律、卫生、课间操，但都要始终抓住不放，稍有疏忽，可能就会影响成绩。实践证明，教师只要能够用心去做，学生工作一定能取得成效，成为一个优秀的教师，并受到学生的尊敬和爱戴。

三、对待学生

1. 要有爱心

只有真心实意地热爱、关心和尊重每一个学生，设身处地为学生着想，用爱心感化、教育学生，才能得到学生的信任，工作中得到学生的支持与配合。特别需要注意的是，学校里的住校生，他们远离父母，特别需要教师在生活、学习上给予更多的关心，使他们感受到家庭一样的温暖。

2. 要有严心

"严"即所谓"严师出高徒"。"没有规矩，不成方圆"，班主任老师是班级的领导者，在班级中应有一系列行为规范、条例、守则，班级的日常事务由班干部负责，全体同学参与，在班主任严格把关管理之下，那些纪律性较差的学生也会有所克制，久而久之，会成为一个自觉遵守纪律的人，只有在这样严而有格的班级氛围中，班级工作才能井然有序。

3. 要有耐心

教师的工作对象是学生，工作重点是做好每个学生的思想工作，而每个

人的思想又受到社会各方面的影响。一种好的习惯不是一朝一夕能形成的，做思想工作不可能一蹴而就。在对待"屡教不改"的学生时，首先要认真分析学生犯错误的原因，然后采用多种方法，既要严厉教导，也要轻言细语、促膝谈心，防治结合。对学生身上的闪光点，不遗余力地表扬，促成他们的转变。工作中一定要做到不急躁、不厌烦、能持久。

4. 要有细心

教师工作存在一定的不可预见性，班级中也会因一些突发事件而产生新的问题。教师一定要成为有心人，在日常的工作中细心地对全体学生进行仔细的观察，了解每个人的特点，及时发现苗头，防微杜渐，避免事态进一步发展。例如，一个同学有迟到或上课说话现象，而教师没能及时发现并进行处理，就有可能在别的学生身上也发生类似的情况，这会给教师工作带来不良影响。

四、思想深处要有净心

在商品经济的浪潮中，作为教师应有不受金钱诱惑，甘受清贫的纯净之心。培养学生良好的道德品质，净化学生的心灵。要知道，只有净心的种子，方可结出高尚的果实。

总之，教师的学生管理工作千头万绪，这就要求我们必须具有爱岗敬业、孜孜以求的奉献精神，必须具有严谨治学、一丝不苟的科学态度，真正发挥以德治教、甘为人梯的师表作用，只有这样，才能胜任教师工作，圆满完成学生管理、班级管理和教育教学任务。

建立班主任应有的威信

班主任班级管理的好坏和班主任在班集体中拥有的威信的高低有着密切的关系，班主任只有在建立了一定的威信，为学生所欢迎、尊敬、信任和拥护，才能真正有效地发挥其作用。因此，班主任必须高度重视威信的作用，有意识地建立个人的威信，并且在工作中正确地运用。

那么，怎样才能建立班主任的威信呢？

我们先看下面的几个案例：

案例一：

某教师一腔热血，大胆设想班级管理计划，一心想做好自己的班主任工作。他向全班学生公布了一系列措施：改变班干部编制，竞选产生班干部，班长组阁制，增设班主任助理，自由组合建立探究性学习小组，改变传统小组划分方法等。因为老师不了解班级特点和学生现状，加之学生素质不具备，尽管设想是美好的，但在具体的工作中，大多设想根本无法实施，给学生留下了不好的印象。

一位学生在日记中写道："他谈及班级工作时，都是绘声绘色地讲述自己所要采取的一系列措施。但是我们班在学校环境卫生值周中，有的站着，有的坐着，甚至部分学生在嬉戏打闹，只有少数学生在扫地、摆放自行车……每次整理环境，几乎耗去整个早读的时间。我们的班主任若采取一些行之有效的措施，或许不是现在的局面。"

这则案例给我们的启示：班主任要建立威信，首先要有一定的管理能力。

班主任是学校中全面负责班级工作的教师，是学生班集体的教育者、组织者和指导者。班主任的重要职责，就是健全班级组织机构，建立班级规范体系，充分依靠学生来实施班级管理，组织班级活动。班主任只有具备一定的管理能力，才能把学校组织所赋予的权力性特征和师生关系中所秉承的权威性特征，转化为真正的威信。如果班主任只会口头说教，只会许诺，却缺

乏实际的指导和管理能力，必然导致威信的丧失。

案例二：

（一）

刘老师接手了一个很优秀的专业班。所谓专业班，就是每个学生都有一个艺术特长。接班前他就听别的老师说这个班的学生素质很高，成绩优秀，就是太"傲"。再一了解，得知他们确有"傲"的资本——有的学生音乐考级成绩优异，有的在全国绘画比赛中获金奖，有的经常在本市开展的各项活动中登台演出……怎么办呢？

第一次见面就唱一首？不行，刘老师五音不全。跳个舞？更行不通，没有音乐细胞哪能赶鸭子上架！再说也不合时宜。刘老师想起自己在美术方面还算有点天赋，从小学到师范都是宣传委员——负责给班级办黑板报。于是，在学生报到之前，他精心"制作"了一期黑板报，排版活泼、内容丰富、色彩鲜明、图文并茂。果然，报到时，黑板报吸引了学生的眼球。他们议论纷纷，啧啧称赞："听说这是新来的刘老师画的，真漂亮！""刘老师的字写得这么好！""刘老师还真行！"当刘老师让学生们"静下来，请上课"时，学生们立刻很有秩序地坐好，眼睛里充满的是信赖和敬佩。

（二）

李老师在四年级一个班级上课时总感觉学生对她不热情，上课时懒洋洋的，她百思不得其解。有一次，一个学生在活动时把毽子踢到了高高的窗框上面，旁边没有任何东西可以帮助他们取下毽子。正当学生非常着急的时候，她一个三步上篮的动作，跳起来轻松取下了毽子，在场的学生大呼一声——耶！接下来的课，她明显感觉学生眼中多了许多对她的敬佩，师生之间充满了默契。

（三）

某班主任发现有不少学生没完成背诵名人名言的作业，而且在抽查背诵时，旁边的同学还偷偷地主动为被抽查学生提示，教室一片骚动。班主任没有指责他们，而是开玩笑地说："这可真是一方有难，八方支援啊。"学生有些不好意思了，教室安静下来。班主

任接着说："从此大家可以整日弛然而卧，不必担心旦旦有是哉。这样，始而惭焉，久而安焉。长此以往，何时能博学而参省乎己，知明而行无过矣？岂不等白了少年头，空悲切！"哇！老师一口气竟说了这么多名句！学生们惊叹了，敬佩之情油然而生，羡慕之情形之于声。学生们由于体会到了语言积累的妙处，背诵名篇佳句的积极性陡然高涨，学习的兴趣也日趋浓厚。

（四）

某老师发量较少，他受命担任初二（1）班的班主任，第一次进班就被学生揭了"伤疤"。他一进教室，映入眼帘的是黑板上的一幅"三毛"漫画——大大的、圆圆的脑袋上只有三根头发。一看就是一个恶作剧。该老师顿时气冲脑门，正要发作，但随即意识到"捣蛋鬼们"正等着欣赏"黔驴之技"。他静了静，干咳一下，计上心来，笑了笑说："我是你们的新班主任，也是你们的地理老师。大家先猜中国地名谜语，怎么样？"

"老师的脑袋——"老师双手指头，再指指画像。

"太原（圆）。"有机灵的同学很快笑着喊出来。

"我的脑袋有点圆，但这幅画像更圆——更圆满！"教室里掌声一片。

上面的四则案例给我们的启示：教师如果有一些让学生钦佩的才华，更容易建立威信。

不难看出，教师的"绝活"让学生敬佩，而教师教学能力低一定会引起学生的鄙视，威信更无从谈起。所以，教师应该抓住一切机会让学生看到你的"能力"——一手漂亮的字、声情并茂的朗读、悦耳的歌声、高超的写作技艺、渊博的知识、幽默的谈吐等，更要在班级管理中体现教师的管理才能，而班级的整体进步和成绩是最有说服力的。当学生感到老师"有本事"，就会产生敬佩之情，还怕学生不"亲其师，信其道"吗？

案例三：

《中小学心理健康教育》朵志曾发表了一篇文章——《老师，你把我的名字漏掉了》，讲述了这样一个故事：

老师也会撒谎。例如，老师在新班级里第一次点名时，如果遇

到他们不认识的名字，一般不会坦言自己的无知，而是故意把他们的名字漏过去，等点名结束后再询问谁的名字没有点到。如果哪个学生站起来说他（她）的名字没有点到，老师会接着问他（她）叫什么名字呀。某年级不同班的两个人——张海昶和赵志桭，常常遇到这样的情况。

有一次，又遇到新老师点名，这一次却产生了截然不同的结局。

张海昶的老师又使用了上面那个"聪明"的做法，点到最后，果不其然，一个男生站起来说："老师，你把我的名字漏了。""哦，你叫什么名字呢？""我叫张海永。"老师一边装模作样寻找他的名字，一边说："抱歉，把你的名字给漏了。"赵志桭的老师想回避已经来不及了。因为他已经读出了名字的前两个字，凭感觉读吧，这样的错误率又太大了。他尴尬地站在讲台上，不知所措。在停顿了十几秒后，他只有实话实说了："对不起，这个字我不认识，大家能告诉我吗？"说着他把那个"桭"字工工整整地写在黑板上。"chéng，我叫赵志桭。"一个男生站起来响亮地说。伴随着赵志桭响亮的回答声的还有雷鸣般经久不息的掌声。

原来，学生们对此也是心知肚明，而且他们非常厌恶虚伪的老师。所以当老师勇敢地承认自己不认识这个字的时候，学生们都为他的真诚所打动，因而给了他热烈的掌声。而张海昶的老师在不久之后的一节公开课上却遭遇了戏剧性的一幕。"张海永同学，请你起来说说。"他提问了，但张海昶却一动不动，于是他走过去，把声音提高了几个分贝："张海永（昶）同学，请你起来回答。"不料，那个张海昶突然嘶哑着嗓门说："老师，你是叫我吗？我的名字不是张海永，我的名字叫张海昶（chǎng），地球人都知道。"全班哄堂大笑。原来，张海昶已经几次碰到"漏掉"名字的做法，这次是故意治治老师的。

上面的案例给我们的启示：只有在道德上合格的教师，才能获得学生人格上的敬佩，建立威信。

教师在孩子面前所做的每一件事，都有可能成为孩子行动的指南，甚至还有可能会决定孩子的一生。教师不是完人，知识的欠缺是难免的，也并不

可怕，可怕的是很多人欠缺的不仅仅是知识。在学生面前，教师不必虚伪。教师在孩子心目中是绝对的权威，但是如果为了维护这种"权威"而虚伪说谎，只会失去自己的"权威"。

案例四：

> 马老师是某班的班主任，他班上有一个学生，成绩一般，没什么引人注意的地方。原来这个学生的家境很差，而且父母都是以收废品为生。有一天，他家失火了，在城市边缘棚区里的自己搭建的两间窝棚被烧得一干二净。马老师知道后，悄悄地在学生中组织了一次捐款活动，共捐款900多元，马老师自己捐了100元。马老师到他家里去探望，家里的情况让他非常震惊。他没想到在城市里还有这样贫困的家庭。看到马老师，同学的家长急忙端出一个粗瓷大碗，给他倒了一碗水。当时马老师觉得太烫，就放在一边。没想到孩子立刻向他父亲要了钱去买瓶水。马老师急忙阻止，但学生还是买来了，并且打开了盖子。

> 马老师也没说什么，立即把先前的那碗水端起来，一饮而尽，那瓶矿泉水——他动都没动。后来学生毕业了，报考了师范。他给马老师写了一封信，信中写道："我之所以想当老师，就是因为那一碗水。谢谢！"

上面这则案例给我们的启示：爱心是教师赢得学生信任和敬佩的最终落脚点。一个教师如果不爱学生，那他的技艺再高，知识再丰富，也不可能赢得学生的尊重，更不可能在教育上取得成功。

总而言之，综合上面的案例，我们不难看出，班主任威信的树立与下列因素有关。

1. 权力因素

班主任是出现在班级管理特定位置上的领导人物，具有制订班级计划，组织班委会和开展班会活动，有对学生进行评定，进行表扬和批评、奖励和惩罚等权力，它是一种控制力。学生对处在这一位置上的班主任，有一种特殊的"敬畏感"，班主任的每一句话都有可能成为他们的"圣旨"。也就是说，班主任的威信首先来自上级授予的权力。但班主任如果仅仅依靠自己的权威，以为自己在任何方面都高学生一等，发号施令，唯我独尊，甚至以威

胁或强制的口吻要求学生，以个人的好恶牵制学生的看法，滥用了权力，则必然导致学生的反感与抗拒。即使学生表面服从了你，压服的威信是一种虚假的威信。班主任只有把自己放在与学生平等的位置上，编制出符合班级具体情况的各项管理措施，审慎处事，合理地使用自己的各项权力，才能使学生心悦诚服。

2. 情感因素

权力因素为班主任威信的树立奠定了基础，而沟通师生间的思想感情，建立和谐的师生关系也是树立班主任威信的重要因素之一。有位教育家说过一句富有哲理的名言："没有爱，就无所谓教育。"班主任如果能以一颗慈母般的心，从各方面关心体贴学生，帮助他们解决学习上的难题，帮助他们克服生活中的困难，公平地处理发生在他们中间的矛盾纠纷，举止言谈都给学生以亲近之感，那么必将赢得学生的尊重，成为权力所不能代替的教育力量。

3. 才能因素

有学者认为："教师既要有理论家分析综合、雄辩之才，又要有艺术家想像、概括、表现之才，既要有科学家观察、试验、推理之才，又要有语言家凝练、形象表达之才。"班主任必须努力使自己具备多方面的才能修养。首先，具有上好自己所任专业课的才能；其次，具有管理好班级的组织才能，计划总结的才能；最后，具有透彻分析、准确判断、合理解决一切问题的才能。除此之外，还应有广泛的兴趣爱好。一方面要献出自己的时间、精力，另一方面要像海绵一样，从生活中吸收一切有益东西再传授给学生。用出众的才能征服学生的心灵，只有具备多方面才能的班主任，才能培养出众多优秀的学生。一个才学浅薄的班主任不可能在学生中产生崇高的威信。

4. 品格因素

品格因素包含道德、品行、作风等方面的内容。车尔尼雪夫斯基说过："教师要把学生造就成一种什么人，自己就应该是这种人。"班主任的品格对学生的心灵有着潜移默化的影响，学生往往会把教师的品德和举动奉为塑造自己灵魂的"本"。"其身不正焉能正人"，班主任应该以自己高尚的道德情操、严谨的治学态度、优良的工作作风为学生做出表率，凡要求学生做到的，自己必须首先做到。并通过对一些事情的评议来表达自己的想法，向学生展示自己美好的心灵，让他们从心底产生对自己的尊敬和爱戴，这不仅有利于

树立威信，还有利于带动良好班风的形成。

苏联著名教育家加里宁说过："如果教师很有威信，那么这个教师的影响会在某些人身上永远留下痕迹。"班主任的威信在班集体建设中占有重要的地位。任何一个班主任，只有当他有了较高的威信时，班级日常管理工作才能顺利开展，学生才会紧密地围绕在他的周围，形成一种集体的向心力、凝聚力，最终化为激励和鼓舞学生奋发向上的强大动力。

身教重于言教

教师的劳动是一件极其严肃的事情，这就要求教师对自己的教育活动必须持十分慎重的态度。学生的"向师性"强，"可塑性"大，他们往往模仿教师的一言一行、一举一动，并且把它们作为自己学习的内容，所以教师的言行和举止，就会潜移默化地感染、教育学生。这就要求教师要以言教引导学生树立正确的人生目标和确定学习目的，培养学生认真刻苦的学习精神和严格的学习纪律，用教师的职业道德和校风校纪规范自己，真正做到以身作则，率先垂范。

学生在学习过程中不是被动、消极地接受教育，而是主动地学习、观察与思考。身教正是通过感官传导进入学生的心灵，潜移默化地影响着他们的身心发展，这是符合学生心理发展规律的教育形式，在教育活动中起着"言传"所代替不了的重要作用。身教可以配合学生自我意识发展的规律达到学生自我教育的目的，在教师无声的教育影响下不断完善自己的道德品质和心理品质，实现自己的自由发展。身教影响力的激励作用是很大的，教师要注重自身人格的塑造，才能培养出符合社会发展需要的人才。

请看下面这个案例：

某班自成立以来，班主任兼教语文课的刘老师发现学生有"事不关己，高高挂起"的倾向，他们对班级的事、别人的事总是表现得很漠然。虽经多次说服教育，效果依然不好，她很苦恼。

一天下午的语文课上，刘老师正讲着课，突然"哇"的一声，该班的学生林瑞吐了一地。时值盛夏，臭味立刻充满整个教室。此时林瑞脸色苍白，汗珠从脸上渗出来，痛苦地趴在桌子上。见他这样，刘老师很着急。而有的学生捏鼻子，有的学生试图用书扇跑臭味，有的学生竟起哄："熏死了！"

面对这一场景，刘老师放下书，疾步来到林瑞面前，掏出自己的手帕，边为他擦汗，边询问病情，确认是感冒所致，刘老师才稍微放下心。接着，她拿起畚箕和簸箕，从外面取来沙子，清扫呕吐物。教室里很快静了下来，有的惊讶，有的满脸羞色……班长和另外两个班干部连忙接过刘老师手中的

工具接着打扫。刘老师转向全班学生说："大家先上会儿自习，自己看一下课后题。"说完，立即带着林瑞同学去了医院。

刘老师走后，又有几名学生自觉地拿起了扫除工具，大概过了几分钟，教室被清扫干净了。教室里开始有人小声议论。一个同学说："刚才，林瑞吐了一地，我恶心得也要吐出来。"另一同学接着说："可不是？真脏啊……""看咱们老师，一点也不嫌脏，又打扫，又送林瑞去医院的，我算是服了。"议论的声音越来越大，此时班长贺名同学站了起来说："大家对今天发生的事情好像有很多话要说，我们借这件事开一个十分钟的班会，怎么样？"大家都纷纷赞同。班长贺名打断大家的议论说："我想借这次机会说说我自己，我是一个不称职的班长，在评选班干部时，老师说过'一班之长，要以身作则，同时在学习和生活中要关心同学，帮助同学'，当时我信誓旦旦地向老师、向同学保证：一定要做好大家的勤务兵。今天，林瑞生病了，开始我无动于衷，是老师的举动提醒了我。"林瑞的同桌站起来说："我距林瑞最近，这节课我发现他总是趴在桌子上，我为了听课也没理他，他吐了之后，我没考虑到他那时有多难受，只是嫌气味难闻，又离他远远的，看刘老师平时对同学挺严厉，其实对我们挺好的。"

身教重于言教，这件事对学生们产生了极大的影响。现在，同学之间互相关心、互相爱护已是常事。大家都懂得，帮助他人是件快乐的事，也是一种美德。

刘老师对这件小事的正确处理，给教师提供了"身教重于言教"的成功案例。

总结刘老师对这件事情的处理，其成功之处在于：

1. 教师要以身作则，为人师表

教师是学校里最重要的表率，是最直观的、最有教益的模范，是学生活生生的榜样。刘老师在面对全班学生的漠不关心、无动于衷，保持"沉默"的状况下，通过自己无声的举动，引导学生自我认识、自我教育，以潜移默化的形式将教师的期望内化为学生的自觉要求。简单的行动胜过了千言万语。

2. 教师的身教是时时处处存在的

教育学生要从大处着眼，培养学生崇高的理想；更要从小处着手，充分利用学生中发生的小事，因势利导，把握时机，教育学生。刘老师就很好地

把握住了教育契机，让学生在事实面前，让学生在经历之中，去体验、去思索、从而形成正确的是非观念，激发道德情感，规范道德行为。教师的身体力行就是无声的教育、最好的教育。

身教不同于单纯的言教。有句谚语："告诉我的，我忘了；表演给我看的，我记住了；我亲自动手做过的，我明白了。"从心理学角度分析，这是因为身教具有形象直观性、动情性。由于形象直观，身教就为学生思维发展拓展了从感性到理性，从理性再到实践的认识道路，身教就容易被学生接受。

实践表明，潜移默化的教育形式是学生最易接受的，他们对这种无形教育既不能防御，也不能抵制，模仿也就在无形之中产生，这种模仿最初是外部行为，直观的、有目的的，而后逐渐由外向内、由表及里地转化和深入，经过较长的时间后，教师最初的行为规范就成为学生稳定的心理品质。

古今中外诸多教育家对"身教"都做出过精辟的阐述。孔子说："其身正，不令而行；其身不正，虽令不从。""不能正其身，如正人何？"近代著名教育家蔡元培在解释示范时说："范，就是模范，可为人的榜样，自己的行为要做别人的模范。"夸美纽斯指出："教师的职务是用自己的榜样教育学生。"苏联教育家凯洛夫提出："教育是一切美好的化身和可资仿效的榜样。"因而，"身教"重于"言教"。

少一些包办，多一些自主

学生从小学到中学，正是自主意识逐步形成和巩固的阶段。当代中小学生见多识广，绝大部分学生有独立处理安排自己班级的强烈愿望，有展示自己个人才华的积极心态。班主任方方面面给安排妥当，学生当家做主的愿望不能实现，必然使他们的热情降低、信心大减，内心形成强烈的冲突，并会以沉默、消极对待、故意违抗等各种方式表现出来，最终导致班级管理秩序混乱。有位教育家说过："记住你管教的同学应该是一个能够自治的人，而不是一个要别人来管理的人。"班主任只有在班级管理中少一些包办，多给学生提供自主选择的机会，班级管理才能收到事半功倍的效果。

下面是一位教师在班级管理实践中的一个案例：

新学期开学后，徐老师接任初一（1）班班主任并教语文课。上课的第二天，就遇到这样一件事，当她讲课正起劲时，发现学生小李总是低着头看什么。她走近一看，他正在看一本名为《探索》杂志，立刻火冒三丈，但想到刚接任班主任，还是先压住了火气，就没收了杂志，继续讲课。

下课后，徐老师将小李叫到了办公室。小李垂着头，等待新班主任的批评。

不知出于何种动机。本想训斥几句的，却变成了一句问话：

"你爱看《探索》杂志？"

"嗯"

"那你有前几期的《探索》杂志吗？"

小李一边点头，一边来了精神，感到这位新班主任并不是很凶的人。原想的结局没有发生，便说：

"我一直订阅《探索》杂志，里边的内容特别好。"他瞟了老师一眼，观察着老师的表情变化。

徐老师接着教育了几句就结束了谈话。她深思着一个问题，学生爱看课外书，是我们语文教师求之不得的事情，但要指导他们如何看，还要激发他

们自觉看。他准备在小李身上进行一个实验。

徐老师实验的第一步是调查。

科任老师反映说，小李上课常常看课外书，学习成绩是中上等，接受能力较强。但他只要觉得对老师所讲的课稍不感兴趣就读课外书。家里买的书也不少，知识面较广，有时老师讲课有错，小李还能纠正。

同学们反映说，小李看书特快，知识特丰富。大家都叫他"小灵通"。

徐老师直接询问了小李及其家长，了解他的看书特点和家教情况。小李看的书主要是科技类，其次是儿童文艺类、作文选等。看书时间可谓"争分夺秒"，课上"偷看"，课间看，晚上做好作业后一般还要看，算得上是一个"书迷"。小李的父母都是工人，特别关心孩子的教育。上幼儿园时就开始买书，一般是孩子爱看什么就买什么，后来家里还订了几本杂志。在家里，只要小李想看，家长一般不干预。如果看得太晚了，才提醒他睡觉。家长认为，只要孩子肯读书，将来一定有出息。

徐老师实验的第二步是指导。

这一步想解决两个问题，一是指导小李如何看，二是指导全班同学如何看。

徐老师找来小李同学，问：

"最近在看什么书？"

"前天我和爸爸买了一套《科学探索者》，已看了近一半。"

"还在课上看吗？"徐老师又问。

"不了，徐老师，我不会再在课上看了。"

"保证能做到？"徐老师激将式地问。

"保证。"

"你如果真保证做到课上不看书，就给你一个光荣的任务。"徐老师刚说完，小李就接着说："徐老师叫我做，我保证做好。"

"任务不难，对你来说很容易，就是做班上的好书推荐员。你把看到的好书向全班同学推荐和介绍。让大家都知道书中的知识或道理。具体要求是每周介绍一本，在班会课上用 5 至 10 分钟时间。如果我上语文课有时间，也可以让你介绍。只要是你看过的都可以介绍。行吗？"

听完徐老师的话，小李说保证完成。

徐老师在班上宣布了小李同学承担的这项工作，并问同学们愿不愿意听

小李介绍新书内容。大家一致同意。为了配合小李同学，也为了激发其他同学阅读课外书的热情，班级成立了一个课外阅读介绍小组，由小李任组长。并在班级黑板报上开辟小专栏——"每周一书"。

为了使课外阅读介绍组顺利进行，徐老师要求他们制订读书计划，分工负责，而且每次介绍都要在组内备课试讲。介绍什么书，什么时间开展小组活动，都由小组决定。

几次活动后，学生普遍反映效果很好，要求增加介绍时间和内容，有的同学也要求加入介绍组。徐老师考虑到学生的要求，改为"每天5分钟"介绍，增补了几名"志愿者"。小李同学为了组织准备这5分钟活动，忙碌了许多。

经过两个月的实验，学生普遍爱看课外书，都希望能上台介绍自己觉得有趣的知识或故事。

徐老师发现，学生的课外阅读积极性调动起来了。涉及的知识面也很广，而且没有一个学生在课堂上看书。但总觉得有点不满意，是不是应该和学科教学结合起来？为此，她亲自召开了一次兴趣组成员会议，共同探讨了这个问题。小组会上，学生发言极为热烈，一致认为应与学科教学结合起来。于是大家先作分工，分配给有关任课老师，先分语文、数学、外语、科学、政治、历史六科，任务是根据任课教师的教学内容需要，先行查找与学习有关的内容并作介绍，或是教学后补充介绍。

这样，课外阅读介绍组又分成六个学习小组。这些小组成员无意中成了任课教师的教学助手。任课教师为了配合教学，也主动向介绍组同学推荐课外阅读书目，并进行指导。

半个学期过去了，课堂上没有发生过看课外书的现象。而学生看课外书的积极性却异常高涨。有的学生本学期接受到的课外阅读知识量超过了以前一年学习的知识量。学生的书包里一般都有一两本课外书刊，主要是课外时间看，也有不少同学是为了交换看。课堂纪律是一天比一天好。

这个案例启示我们，有的学生在课上看课外书，想必有一定数量的老师遇到过，一般的处理办法：一是当众没收，批评了之；二是当众撕毁，公开检查；三是暗示制止，事后谈话，要求改正。可徐老师并没有停留在仅仅制止的目标上，而是从中看到了学生的长处，巧妙地转弊为利，实现了更高的

教育目标，既教育了一个学生又教育了一个集体。

　　这是一个成功的创造。当教师的教育不得法时，学生是"无帆的船"；当教师的教育得法时，学生就是"鼓满风帆的船"。学生是一艘怎样的"船"，关键在于教师的教育手段和管理手段。徐老师的教育方法给了我们很好的启示。

自觉——纪律教育的核心

纪律和规则是我们平时工作、学习和生活中不可缺少的。很多事实都能说明这个道理。比如，买票要排队，走在马路上要遵守交通规则等，我们平时的一举一动都受到一定程度的要求和约束，否则任何事情都毫无秩序可言。作为在校的学生，处在向社会迈进的过渡时期，更是有数不清的纪律和规则来要求他们，告诉他们该怎么做、不该怎么做。

但是，纪律问题又一直是让班主任操心甚至头痛的问题。在很多领导和班主任看来，纪律是组织和建设班集体的保证，是班主任德育工作水平的表征，一个班级如果没有形成良好的纪律，就谈不上班集体的形成。因此，一个班级是否纪律井然、令行禁止，常常影响这个班在科任教师心目中的形象，以及学校领导对班主任的评价。因此，每一个班主任都在纪律问题上动了不少心思、花了大量力气。

班集体的建设当然需要纪律的保障，这一点毋庸置疑。但是，问题在于是什么样的纪律，是自觉的纪律，还是被迫的纪律？所谓自觉纪律，就是指学生将外在的纪律要求转化为学生自我品格修养的内在要求和自觉行动，它具体表现为：当学生单独在某个地方的时候，或教师不在场的时候，他们也知道按既定的纪律要求约束自己。然而，在班集体建设实践中，许多班主任往往只注重纪律的形式，而不太重视纪律的内容；或也知道养成自觉纪律的重要，但由于其养成过程费事、费神，反复、麻烦，以致常常用统一性的强迫要求代替自觉的纪律，甚至连安排座位都不例外。其结果使许多学生把班级纪律视为对其自由、人格的限制和束缚。

请看下面的案例：

任班主任多年，已经无法描述我对有些班级座位安排方法的厌恶了。区区一个教室的座位，成了评价、约束学生的一个"有利的武器"。根据考试成绩排座位几乎成了约定俗成的办法，对学生座位的横加干涉已经顺理成章。于是，当报名结束，下午学生要来教室的时候，我就在想，孩子的座位应该

怎么安排？

　　这个问题困扰了我很久，中午吃饭的时候都没有想出个头绪，直到我和孩子一起来到教室门前，在打开门的一刹那，我终于决定了：不安排就是最好的安排！

　　门开了，孩子问我："老师，座位怎么安排？"

　　我说："自己进去，选最喜欢的位子，随便坐！"

　　孩子诧异地看了我一眼，快速地进入教室，很快坐在了座位上。我们新的学习生活就这样开始了。

　　一个多月之后的一次班会课上，我才这样告诉学生："班集体是我们自己的，座位也是我们自己选的。我从来没有将座位作为惩罚或者表扬学生的手段的习惯，因为在这个教室中，我们每个人都是平等的，座位没有尊卑之别，正如人没有高下之分。在我的班里面，如果谁想调换座位，一般是你们自己协商，我不会对你们的座位横加干涉。但是，也希望每位同学明白，座位对大家的学习是有影响的，我相信大家能做出正确的选择。"

　　班里有位学生因为家里的事情，开学一个月以后才来学校，座位安排在最后一排。有一天她告诉我：想调到前排。我告诉她，如果有同学愿意和她调换，她就可以坐到前面。几天后，她说不好意思去问同学。我说我也不能对别人的座位加以干涉，但是我有一个折中的办法：把桌子移到前排的走廊上，因为每周我们都要调换组与组的座位，那么下周就会是别的同学坐那里了，相信大家都会理解的。她照办了，于是在走廊上就有了一个特殊的位子。几天以后，另一位男同学找到我，说要调换座位，我问他原因，他说在原来的座位上老是管不住自己，总想和旁边的同学说话，我说："你找到愿意和你调换的同学了吗？"他说找到了。我告诉他，这说明你已经有了控制自己的能力，恭喜你！我同意你的请求！

　　有时候我在想：靠控制学生的座位来达到控制学生的目的，还不如干脆把权力交给学生，让他们自己选择，并让他们学会为自己的选择负责。因为，他们正在长大，需要我们给他们长大的机会。

　　上述座位问题实际上是当前班级管理中一些值得反思的问题的反映。类似安排座位这样的教育现象在班级管理实践中，并不少见。当然，班主任都

是出于各种好心——为了保障纪律，为了保障学习，为了帮助后进生，为了提高学生的道德水平，等等。其实，教师可能更多的是为了方便自己，因为教师不放心学生的纪律自觉性。

更为严肃的问题是，在这种方式和心态下进行的班级管理和班级德育，可能与道德及其管理的本意相悖。

先从"学生——教育主体"来说。当前教育改革的一个重要特征，就是强调要将学生当作教育的主体，注重学生在班级教育活动尤其是班级德育活动中的主体参与，改变传统班级管理及道德教育中教师主宰、灌输、控制等弊端，通过优化教育途径和教育环境，强化学生的主体意识，弘扬主体精神。但是现实情况如何呢？班主任都知道学生应该是教育的主体，班集体建设和班级德育活动要注重学生的全员参与。然而，恰恰是为了这个"全员参与"的结果，一些班主任忽视了学生的主体性。因为，既然学生是主体，他们就有选择权，可以选择参与，也可以选择不参与。可是，一些班主任只承认学生有参与的权利，而不承认或不接受他们有不参与的权利。连选择权都没有，还算是主体吗？说到底，一些班主任尚未真正接受学生是教育的主体这一教育新理念。

再从学生主体问题回到自觉纪律的养成。如果我们真正承认学生是教育的主体，那么在对学生进行自觉纪律的养成教育之前，我们应该对纪律及其与班集体和班级德育的关系有个正确的认识。首先，我们要养成的是自觉的纪律，即不需监督的、真正的纪律，而不是被迫的纪律，虚假的、做给别人看的纪律。一个班级如果没有形成自觉的纪律，就谈不上班集体的形成，更谈不上德育实效。其次，自觉的纪律是教育的结果，因为学生养成自觉纪律的过程，是在教师信任与激励下，主动地、不断地与自身的不良欲望和不良习惯做斗争的过程。最后，自觉纪律的养成是一个自主性的自我教育过程，其中有反复、退缩、痛苦，也有麻烦，需要教师的鼓励和督促，但是如果没有自主性，自觉的纪律无从养成。

教育心理学研究表明，那些以强迫命令、刻板专横的权力主义方式抓纪律问题的班主任，其对学生心理和道德发展会产生至少二个方面的消极影响：一是恶化师生关系，班主任被学生看作为专制者；二是导致学生心理异常，学生在与这种班主任交往时，惧怕和焦虑自然使他们产生种种异常的防御反应，影响学生心理和个性的健康发展；三是导致学生道德发展水平的下滑，

即学生在该班主任面前之所以规规矩矩、老老实实，主要是为了避免他的非难，以致他的班级中虚伪、假装、说谎等欺骗现象明显多于那些以民主方式行事的班级。而且，欺骗是精神贫乏的象征，至少有一部分是由于以教师为中心的课堂特点所导致的。

所以，作为班主任，一定要记住，培养学生的自觉性是纪律教育的核心。

把遵守纪律培养成习惯

什么是习惯？

"习惯"是养成教育的结果，养成良好的习惯是行为的最高层次。习惯不是一般的行为，而是一种定型性行为。习惯是经过反复练习而养成的语言、思维、行为等生活方式，它是人们头脑中建立起来的一系列条件反射，这种条件反射是在重复出现而有规律的刺激下形成的，并且在大脑中建立了稳固的神经联系，只要再接触相同的刺激，就会自然地出现相同的反映，所以说它是条件反射长期积累、反复强化的产物。从心理机制上看，它是一种需要，一旦形成习惯，就会变成人的一种需要，如果不这样做，就会感到很别扭。因而，它具有相对的稳定性，具有自动化的作用，它不需要别人督促、提醒，也不需要自己的意志努力，这就是我们平常说的"习惯成自然"，是一种省时、省力的自然动作。

习惯不是由遗传得来的，它是在后天的生活环境中习得的。从生理结构来讲，习惯又是一种后天获得的条件反射。如果对习惯的这一特征缺乏认识，往往会把一个人的好习惯或坏习惯归为先天的、遗传得来的，这在实践中就会走入"误区"，从而忽视教育影响的作用。了解了习惯的后天性特征，可以使人有意识、有目的地进行良好习惯的训练，防止并克服不良习惯的形成，充分发挥主体的能动作用。

人的行为有四个层次。最低层次是被动性行为。它需要靠外部的强制力量。这是因为此时孩子的道德认识还不充分，道德情感还不稳固，还没有形成道德意志。例如，教师在场就遵守纪律，教师不在场就不遵守纪律。第二个层次是自发性行为。学生通过接受教育，对习惯培养的重要性有了基本的认识，并能自发地根据情境要求去做，但由于其自控能力差，兴趣、情绪变化大，因此行为具有随意性和情境性，行为习惯常常顾此失彼，不能完全到位，反复性大，往往是不稳定的。这时学生不但需要自己的不断努力，还需要家长和教师从外部给予一定的提醒和督促。第三个层次是自觉性行为。它需要一定的意志努力，靠内部的自我监督。这是因为学生已有一定的道德认

识，并有一定的道德意志，能够自我要求、自我监督，不需要外部监督，但尚需自己的意志努力。例如，教师不在时也能遵守纪律，但还需要自己控制自己，提醒自己。知道上课时随便说话、玩东西是不对的，但有时还需要经过自己的思想斗争。看到别人在课堂上说话，也想说，可又一想，学生应该自觉遵守纪律，虽然教师不在，也要严格要求自己，于是控制了自己的行动。这种行为虽然属自觉行为，但还不是自动行为。最高层次是自动行为。既不需外部监督，也不需自己的意志努力，这时学生遵守纪律既不是迫于教师的监督，也不是靠自己的思想斗争或意志努力，而是自然的、自动的行动——习惯。

我们先看下面这个案例：

开学了，这是新一年级开学的第一天，孩子带着他们从小养成的种种习惯聚集在这间教室里，几十个天真烂漫的孩子眼睁睁地瞅着我。我讲了学校的要求和班级的要求，他们有的听懂了，记住了，有的不大明白，还没记住。最后我说："还有一项要求，只有三个字，我说出来，请大家一定做到。如果做不到，我就要把这三个字重复一遍，做一次提醒。"

我说出了这三个字，只有三个字！

班级里发生了一些轻微的响动，很快平静下来。

我用欣慰的目光把教室里的每一个孩子扫视了一遍，微微地点点头。

突然，我点了一个同学的名字：

"张野！"

"到。"

孩子们惊讶了，难道老师要批评他吗？其实我心里特别明白，据此生的家长向我反映，张野从小就好动、顽皮，希望老师给予帮助。此时的张野小心翼翼地站起来，我平静地说："老师交给你一项任务，从今天开始，每当我提起这三个字时，你就加上一个数，由你来统计，看看这一学期老师提醒同学多少次，行吗？""行，老师，我一定做到。"

张野坐下了，这三个字在他脑子里首先有了深刻的印象。

就这样，每当我说这三个字时，张野就记一次，有时他忘记了，我就提醒他，时间长了，当我一说这三个字时，同学们就会异口同声地让张野记上。

时间在慢慢地流逝，张野在记数的过程中改变了好动、不守纪律的不良

习惯；同学们在记数的过程中学会了坚守与监督……

一次，我问："张野，记了多少次了？"

"一百七十次了。"

一个学期就要过去了，我重复这三个字的次数越来越少。

长时间的坚持，在我们班形成这样一种现象：同学们只要看到了张野，就想起了老师那一次次提醒。这三个字是什么呢，那就是——请坐直！

为了这三个字，我的行为习惯也改变了许多。平时要求学生听到上课铃声，立即做到手停嘴停，身坐正，我也严格坚守。只要听到上课预备铃声，我便立即站到教室门前，保持立正姿势，不再和任何老师打招呼、闲聊，用目光迎接陆续走进教室的学生；上操时，努力做到动作规范、态度认真、精神抖擞；平时听其他老师课时，我比学生坐得还要直……

期末就要到了，近半年的坚持，使学生把"请坐直"这三个字看成了激励、看成了目标，不再感觉这是对自己的提醒、监督。在最后一段日子里，只要我说出这三个字时，同学们都会把目光投向未坐好的同学，使未坐好的同学马上坐直，这使我倍感欣慰……

对于低年级学生来说，养成好的行为习惯是很难的，而坚持下来更不容易。我用了一种简单但不易坚持的方法达到了我的目的。

习惯是在不断强化中养成的，提醒是强化的一种方式，但"提醒"决不仅仅是在学生做错事情时，教师告诉他应该怎样做。如果教师能在"提醒"上巧妙地做些文章，会很有成效。此案例中的教师把"请坐直"当作重点，在新学年开学的第一天提出来，并选顽皮好动的学生来统计一学期提醒的次数，可以说是独具匠心，最终也收到了良好的教育效果。

案例中教师的成功之处就在于，利用了低年级学生的"期盼心理"达到了良好行为习惯养成的目的，并进而培养了学生良好的意志品质。小学低年级学生对任何事物都有强烈的好奇心，但不能保持长久；对任何事情都有期盼，但不分性质。上例中的教师正是利用了学生的这一心理特点，把行为习惯的养成同学生关注的兴奋点结合起来，把原本是对学生监督、提醒的三个字变成了大家共同关注的一件事，进而变成了大家相互监督、提醒的一件趣事。低年级学生能在长达半年的时间内对此事的关注度有增无减，这就是利用学生"期盼心理"所达到的教育效果。

学生良好行为习惯的养成需要良好的意志品质作支撑。小学低年级学生意志品质的培养是一件难度很大的事情，因为学生对于空洞的说教、不间断的批评是缺少整体感知的。教师把空洞的说教游戏化、趣味化，激发了学生参与的积极性与坚守的热情，在短期内实现了学生自我教育、自我监督的目的，这就是教育的魅力。

形成良好的班风很重要

班风，是指某一个班级的精神面貌和整体氛围（或特色风格）。班风是班级文化的灵魂。班风一旦形成对班级和集体所有成员都有一种心理上的自豪、自律和制约作用，它是在班主任的引导下通过全班同学共同和长期努力逐步形成的一种精神力量。这种精神力量其实就是班级的精神追求。班风的形成一般会经历：生成期—成长期—成熟期，这三个时期是一个集体形成自己的风格的过程。

学生在班风生成期开始懂得，个人的言行总是与一个班级的形象连在一起的。班风的成长期，是班风形成的关键时期，要依靠集体中有感染力、可信的、活生生的榜样来扩大班风的宣传和示范教育，同时开展一系列丰富多彩而又集教育性与娱乐性于一体的活动，使集体成员形成对班风的认同感。班风的成熟期，班风的要求成为集体绝大多数成员的自我要求，他们基本上不需外来力量强迫自己。集体本身也充当起了教育的力量，有能力进行自我管理，这是班风建设的理想境界。一般来说，班风主要包括以下几个方面：

1. 良好的学风

学习是学生的主要任务，因此学风是班风的重要内容。班主任要在有计划地抓好学习目的教育的基础上，培养良好的学习习惯，使全班同学都能做到认真预习，认真听课，认真做作业，认真参加活动课程的学习并坚持独立思考。

2. 自觉遵守纪律之风

班集体每位成员都能自觉遵守纪律是良好班风的重要组成部分。纪律对于学生学习和班集体成员的关系有着重要影响，强调纪律的目的就是要使学生有效地学习，使集体在某些共同事情上同心协力。良好的纪律要经过班主任和任课教师的管理和谆谆教诲才能形成，有了自觉的纪律才能创造最佳学习情境或树立个人形象。

3. 批评与自我批评的舆论之风

班主任进行班风建设，必须经常结合本班发生的具体实例，培养学生辨别是非、自我评价和自我教育的能力，引导学生自己管理自己、自己教育自己，形成自觉地开展批评与自我批评的风气。"好事有人赞，坏事有人管"的公正的集体舆论，不仅是班风的重要内容，也是促成其他良好风气的重要途径。

4. 团结友爱之风

人际关系中最友好的形式是以高度的信任和尊重为标志的。这种信任和尊重存在于不同年龄、不同地位、不同作用的人之中。因此，班主任要充分信任和尊重学生，诚心诚意地爱护他们，同时要精心培养全体学生团结友爱的品质，使师生间、学生间具有亲切感、同情心和爱心，从而使每个学生在情感上与班集体形成一种不可分割的向心力，形成团结友爱、互谅互敬、互帮互学的良好风气。

那怎样形成良好的班风呢？

我们先看下面这个案例：

一位经验丰富的教师担任了初二某班的班主任，开学一段时间以后，发现班上的风气有些松散。

为了迅速形成良好班风，把班级建设成优秀班集体，这位教师开始管理班级纪律。这是班上的重大事项，但这位教师没有大包大揽，而是先让学生们展开讨论，让他们提建议和意见，谈看法和设想，最后由班委会决定班上每项决策。这使全班学生主体意识得到了增强：每日三次的打扫卫生工作由小组同学自己检查，自己督促；为预防近视，每两周一次的座位轮换一般情况下班干部都能记着安排，同学们在班干部的带头影响下也能自觉服从。通过赏罚分明的纪律和紧凑的管理，班级风气很快得到提升，班风建设初见成效。

这个案例给我们的启示如下：

首先，良好班风的形成与班主任的领导能力有直接的关系。学生对良好的班风有强烈的追求，并把形成良好班风寄希望于自己的班主任。班主任在

实施对班级的监督和领导时，不能凌驾于班集体之上，而应当在他所领导的集体内工作，通过与集体成员的共同关心、参与决定来实现他的领导责任，使自己从"监督型、经验型的领导"变为"参与型、科学型的领导"。这样才有利于在班级中形成自我调控的纪律和保持良好的班风。另外，班主任还应当理解，自己是构成人际关系的动力的一部分，是形成良好班风的重要因素。班主任的敏感性、自信心、业务能力、情绪及每个行动都直接影响着班级的关系和气氛。为在师生间、干群间、同学间形成良好的合作氛围，班主任要事事处处严格要求自己，做到言传身教，为人师表。以自己的模范行为给学生树立榜样，而且必须随时留意信息反馈，调控自己的教育教学工作，以促成"师生间热情，认可和关怀的关系"，这对形成良好班风是十分重要的。

其次，形成良好班风，还必须具有班干部为主体的班级核心。班干部是班主任的得力助手，是实现班级奋斗目标、形成良好班风的组织者和带头人。班干部的思想觉悟、学习成绩、组织能力对形成良好班风是至关重要的。这就需要班主任以战略的眼光选拔和培养班干部，对他们的思想要严格要求，帮助他们树立为群众服务、做群众表率的思想；对他们的工作要及时给予帮助，放手让他们在班级工作的实践中扬长避短、增长才干；在可能的条件下班干部可以采取部分轮换制，使所有同学都为树立良好班风而努力工作。

最后，要形成良好的班风，班主任还要特别注意发挥榜样的作用。良好的榜样能把抽象的政治道德概念和完美的形象具体化，具有巨大的说服力和感染力。实践证明，榜样对学生的道德行为具有调节作用，它能使学生找出自己的差距，从内心产生巨大的德育力量，使自己自觉地控制那些不符合道德准则的想法和行为，以形成自己的良好品德。树立良好班风必须借助榜样的力量，除上文谈到的班主任自身的榜样作用和班干部的模范带头作用外，还必须考虑榜样要适合学生中多层次、多方面的需要。其类型也应多样，既要宣传英雄模范人物、杰出的学者，更要树立学生身边的品学兼优、刻苦学习、遵守纪律、文明礼貌、热心为群众服务、团结互助及"跟昨天告别有突出转变"诸类典型。例如，为培养良好的学风，可以发挥白求恩对业务精益求精的精神、雷锋刻苦学习的"钉子精神"和张海迪身残志坚奋发学习的事迹及学生身边典型的教育资源。这要比空洞说教效果好得多。当然，要想发

挥榜样的力量，班主任必须清楚地认识到榜样的教育效果有赖于学生自身心理状况，千万不能忽视培养学生的上进心、集体荣誉感，引导他们培养实事求是、虚心好学的精神，否则也会适得其反。

形成良好的班风，班主任还要做多方面大量的工作。例如，和任课教师及学生家长密切合作，使全体教师和家长形成协调一致的教育。

增强班级凝聚力

凝聚力是一种心理现象，是集体中人心的聚合力，是建设坚强班集体的关键。班集体的凝聚力越大，其成员越能自觉地遵守集体的规范，朝着德、智、体、美、劳全面发展的目标前进。班主任要把几十位个性、品德不同的学生培养成一个团结的集体，必须研究如何形成班集体的凝聚力问题。

下面这个案例为我们提供了一条很好的思路。

新学期，我接任了初一（1）班班主任一职。怎样才能在最短的时间内形成一个团结的班集体呢？根据以往的经验，我试着从激发学生的自豪感和集体荣誉感入手。围绕这个想法，我精心设计了第一次班会活动。

上课铃响了，像每次和新生见面一样，我总免不了激动。但我尽力保持镇定，微笑着走上讲台，用平缓亲切的语气向同学问好：

"同学们，你们好！从今天起，我们就要朝夕相处了。在第一次班会上，我将送给大家一件礼物。"

"礼物？""真新鲜！在班会上老师给学生送礼物？""是什么礼物呢？"

在学生的纷纷议论声中，我打开了红绸裹住的小包，拿出一个镶有金边、绘着彩色图案的精致簿子，封面上写着几个鲜红的大字："初一（1）班荣誉簿"。我双手捧着它，沿着过道绕教室走了一周，学生发出了啧啧的赞叹声。

"同学们，我虽然不是诗人，但喜欢用诗歌来表达自己的感情，请允许我献给你们一首诗，作为这本荣誉簿的题词吧！"

"老师，快念吧！"学生们活跃了。

翻开扉页，上面写着一首小诗。望着一张张兴奋的面孔，我深

情地朗诵道：

> 蓝色的希望，
>
> 我把它献给你们，
>
> 它默默地记下，
>
> 那属于你们的，
>
> 蓝色的希望。
>
> 洁白的心灵，
>
> 火红的光点，
>
> 翠绿的青春，
>
> 金灿灿的硕果，
>
> 玫瑰色的人生。
>
> 鼓起远航的风帆吧！
>
> 向着五彩缤纷的前程飞奔！

学生屏住了呼吸，那一双双对未来充满希望的眼睛闪射着纯洁的光亮。我的心热了。

"希望，怎么是蓝色的呢？"有人问。"同学们，你们喜欢万里无云的天空吗？蔚蓝色的天空，象征着我们的理想远大，希望美好。'洁白'象征着纯净、美好、高尚，就叫'洁白的心灵'。"

有几个学生重复念着：

"蓝色的希望，洁白的心灵"

"对了，绿色，象征着旺盛的生命力，而你们不正处在这个翠绿色的、旺盛的年龄阶段么？在人生道路上，往往会有许多值得称赞的人和事，你们每做了一件好事，都将是生命历程中的一个闪光点。在经过你们不懈的努力和追求之后，生活会给予你们以报偿，那就是秋天里金灿灿的硕果。到那时，人们会捧着玫瑰花来祝贺，称赞你们为人民做出了贡献。你们说，会有这一天吗？"

回答我的是学生跃跃欲试的神态。

"同学们，我为大家写下了第一页。后面的一页由谁来写呢？德、智、体都优秀的同学可以来写'三好'栏；心灵手巧的同学可以来写'智慧'栏；为公办事的同学可以写'品德'栏；乐于助人

的同学可以写'团结'栏；在学雷锋、学赖宁的活动中做出成绩的同学可以写'英雄的脚印'栏……同学们，争取吧！看谁在这个簿子上留下的名字最多。"此时此刻，我和学生们都沉浸在向往的激情中了。

"将来你们长大成人后，还能从我保留的荣誉簿上看到你留下的脚印。那时，或许你是机器旁边的工人；或许你是手握钢枪的战士；或许你是碧空中银燕的驾驶者；或许你是实验室中潜心研究的科学工作者；或许你是贡献卓著的企业家；或许你是自学成才的发明家等。不管你在什么岗位上，当你看到自己在少年时代留下的脚印，都一定会感到自豪，感到欣慰。"

"啪啪啪啪……"掌声经久不息。

在热烈的掌声中，我转身在黑板上奋力写下了几个大字："荣誉属于你们——初一（1）班的同学们！"

在不知不觉中响起了下课的铃声。

一学年过去了，学生们已经在"荣誉簿"上记下了一页又一页闪光的事迹，教室里整整齐齐挂着6张班集体在学校各项活动中赢得的奖状。每当我翻阅"荣誉簿"时，常常有学生告诉我："陈老师，第一节班会课给我们留下的印象太深了。"

班主任既是一个班级的合作者，更是一个班级的组织者；班主任既是一班孩子的好朋友，更是一班孩子的"领头羊"。当好组织者，做好"领头羊"，形成和加强班级的凝聚力和向心力非常重要。第一次班会课，教师以赠送精美礼物——"荣誉簿"为题，充满诗意地提出"蓝色的希望"，激励、启发学生为班集体荣誉而努力奋斗，巧妙地解决了凝聚力和向心力问题。

组织富有特色的班级活动是增强学生凝聚力的有效途径。通过集体活动，使学生体会到他们所在的集体是幸福的集体、团结的集体、温暖的集体，从而更加热爱这一集体，就能以更轻松的心情投入学习、生活及工作中。我国早期教育史上就有组织学生课余活动的记载。《学记》记载，"时教必有正业，退息必有居学"，并提出："故君子之于学也，藏焉修焉，息焉游焉。夫

然，故安其学而亲其师，乐其友而信其道。是以虽离师辅而不反也。"要求学生学习与游憩相融合。这样才会使学生感到学习生活愉快，从而亲其师，乐其友，达到信其道坚定不移的目的。可见，精心组织必要的活动是多么的重要。

班级活动形式多种多样，包括教育活动、教学活动、文娱活动等，开展活动时必须要编制整体的计划。应针对学生的特点，精心安排和设计活动，并且通过学生们的精心组织与准备，最后顺利开展。教师要提醒学生在注重知识的同时，也要发展多方面的才能，使得学生们真正做到知能并重、一专多能。

一系列的活动为学生之间架起了桥梁，密切了师生、同学之间的关系，使他们由相识到相知、相容、相助、相亲、相爱，使他们互相理解、互相关怀，增进了友谊，增强了合作意识。另外，这些活动也为学生们提供了舞台、提供了赛场，使他们能公平、合理、适度地竞争，激发了他们拼搏向上的热情。在活动中学生能当家作主，他们的人格得到了尊重，他们的参与意识、主人公意识得到了加强，从而增强了班级的凝聚力。

除了开展班级活动，下列几项措施也是增强班级凝聚力必不可少的因素，班主任应该努力做到：

一、必须建立起强有力的班委领导班子

一个富有凝聚力的班集体，除要有一名优秀的班主任外，还必须有一支能干的班干部队伍。班干部作为联系班主任与学生的桥梁，作为班主任的助手，他们的工作能力、工作方法、在同学中的威信，往往能够决定一个班级的精神面貌与风气。所以，开学伊始，教师就要了解学生的入学材料，进行仔细的研读。初步掌握哪些学生学习比较好，哪些学生工作能力比较强，哪些学生比较活泼，哪些学生比较腼腆。对学生的情况有一个大致的了解。当然这些都是侧面的了解。让学生进行自我介绍则是对他们的全面了解。最后，根据自己所掌握的情况从中选出学习较好，工作能力比较强的学生作为临时班委，并给他们交代任务，提出希望。只要准备充分，了解深入，所选出的临时班委在开学这段时间定会起到不可估量的作用。班级的各项工作必将逐渐走上正轨，井然有序，而他们也必会成为班级的中坚

力量。

选出了班委后，教师应发挥他们各自的才能组织和管理班级同学的学习与生活。教师应大胆放权给他们，发挥他们的主观能动性与工作积极性，使他们有一个宽松的工作环境，使他们真正成为班主任的得力助手与班级的中坚力量，而不是成为班主任与学生之间"传话筒"。班干部的工作责任心加强了，各项工作才能开展得井井有条，才会从"班主任要我做"变为"我要班主任指导着做"，积极性、主动性大大提高。当然，对一些必须由班主任解决的事情，班主任必须亲自解决，而不能将全部工作都推给班干部，不能对他们提出过高的要求，使班干部的工作处于被动地位，影响了他们工作的积极性，不利于班级凝聚力的形成。

二、要使班级形成较强的凝聚力，班主任要时刻关心班级学生

作为"一家之长"，班主任应该关心这一集体，爱护这一家庭中的每一位成员。真正地从内心爱他们、关心他们，能使他们感觉到老师真心的爱护，体会到集体大家庭的温暖，从而使得班集体真正成为团结向上、充满温暖、充满爱意的集体，有极强凝聚力的集体。

班主任爱护班级，关心学生不应表现在语言上，更重要的要落实到行动上。从小事做起，从点滴做起，使学生无时无刻不在感受班主任的关心与爱护。例如，老师担心生病的学生，并为学生送来了药片，常说"受滴水之恩，当涌泉相报"，学生是不会忘记的。学生心中定会无比地感动，对此我一位做班主任的朋友深有体会：一个晚上，他曾送学生去医院并脱下自己的毛衣给学生披上。这一点小事，学生始终记在心里，后来这位学生曾在周记中写道："老师，谢谢你……祝好人一生平安"。我这个朋友还曾整夜地陪伴在生病的学生身旁，尽管他认为是班主任应该做的，但这位学生家长还是给他写了感谢信，学生也在周记中写道："老师，你是好人……谢谢你"。这两件事让我们深深地懂得，只要班主任能真情付出，学生必然会真情相报。班主任与学生之间有了真情，有了关爱，我想没有比这更具有凝聚力的了。

三、班主任高尚的人格魅力是增强班级凝聚力的一个重要方面

班主任不仅要做到"传道、授业、解惑"，还应该具有崇高的人格魅力、渊博的知识、深厚的艺术修养，做得正、行得直的作风，都能使自己在学生中树立威信，使学生能尊重你、支持你，主动地聚集在你的周围，"拧成一股绳、劲往一处使"，班主任才能在教学中达到"随风潜入夜，润物细无声"的效果。

增强班级的凝聚力，说起来容易，做起来难。只要我们广大教育工作者能勇于开拓、勇于创新，不断地总结经验、改进工作方法，相信一定能建立一个生机勃勃的集体、一个团结向上的集体、一个具有凝聚力的集体。

铸造班级精神

班级精神是班级文化的核心和灵魂，是全班学生的精神支柱和共同信奉的价值准则，具有强大的凝聚力。它包括群体意识、舆论风气、价值取向、审美观念等。

班级精神是班级文化的主要价值取向，是班级成员共同的行为特征。班级精神有积极的和消极的之分。积极的班级精神有利于教育文化发挥作用，能对学生产生内在的激励作用，使学生获得全面、和谐的发展，进而增强班集体的向心力和学生的归属感，形成健康向上的班级文化氛围。消极的班级精神则对教育文化起破坏作用，使少数人的行为蔓延成一种群体意识，使班级的正常生活由有序到无序，班集体处于一种混乱、失控的状态。

任何班级都有形成积极班级精神的可能，因为每个孩子的心中都需要阳光的滋润。积极班级精神的形成，一方面取决于教育文化是否能满足学生发展的需要，另一方面取决于班主任的职业素养和个人人格。

班级精神的塑造可以通过以下方法进行。

一、设计班级标志物

1. 班训

班训是班级个性、特色的高度概括和班级精神的标志，是班风、教风、学风的参照目标。它主要是对学生的要求、训导、告诫和防范。班训可长可短，以简洁流畅、特色鲜明、目标明确、有个性为宜。班训贵在践行。

一个初一班的班主任根据自己班级的实际情况，提出这样的班训：真心尊重每一个人，用心做好每一件事。她向学生这样解读班训："真心尊重每一个人"，就是尊重你们的父母、老师、同学等。你们不一定喜欢每个人，你们可能会对父母、老师有意见，但你们必须学会尊重他人，通过合理的方式表达你的感受。"用心做好每一件事"，就是说，你们可能很多事情做得没有别人出色，但一定要尽自己全力去做，这样你就是胜利者。

2. 班歌

音乐可以调节身心的紧张状态，舒缓疲劳，提高审美能力。一首好的班歌欢快奋进，可以激励学生刻苦努力，增强班级的凝聚力。在班集体活动及学校活动中唱唱班歌，给人以集体的自豪感、信心和勇气，对全班学生是一种无形的精神力量。

3. 班徽

作为班级的象征，班徽在班级宣传和培养学生的集体荣誉感方面有重要的作用。班徽是班级文化的一种标志。比如，某市 24 中学初一（3）班的班徽是这样的：

班徽的主体由"3"变形而成，是展翅飞舞的彩蝶造型。代表了朝气蓬勃的集体。彩蝶身上迸发的每一个光点，是一张张开心的笑脸、一份份涌动的活力。其主要颜色是深蓝和明快的紫色，体现沉稳中迸发出的热情和激情。

班徽的寓意：希望（3）班每个学生都能破茧而出，变成美丽的蝴蝶，在人生道路上展翅高飞。我们不一定是飞得最高的，但一定是飞得最漂亮的。

二、开展集体活动

班级活动可以增进师生之间、学生之间的交流，增强学生的合作意识和班集体的凝聚力。

班集体在活动中产生和加强，班级精神也在活动中深化和积淀。可结合重大节日、纪念日，在班级中开展演讲赛、辩论赛、文体活动，让每个学生都有展示自我、表现自我的机会。比如，国庆节前夕，可举行"我爱你，祖国妈妈"诗歌朗诵会。在活动中，班主任主要扮演导演、倡导者和指导者的角色，要充分相信学生，大胆依靠学生，放手让学生去做。有经验的班主任还会抓住学校开展活动的机会，带领全班同学积极参与。在参与活动的过程中，学生和班主任的心贴近了，班级精神也会得到进一步塑造。

三、正确运用网络

网络是一种全新的学习、沟通和娱乐方式，它为形成良好的班级精神拓

展了空间。班级网站、教师博客、学生博客如同一个个精神家园，要利用其不受时空限制等优势，增加师生的相互了解，拉近教师与学生、学生与学生、教师与教师、教师与家长、学校与家庭之间的距离。作为班主任，一定要引导学生正确运用网络，为班级文化的发展争取更多的资源。

一个年轻的班主任在中考前夕，每天深夜在网上为班里的每个学生写一篇文章，并贴上学生小学时的照片和在中学校园里的生活照，插上一段段动听的背景音乐。他是用自己独特的方式，为每个学生加油和祝福！他的这一做法，在家长、同行和学生们心中引起了强烈的反响。

家长给他的留言——

认识你是一种荣幸，孩子们拥有你是一种福气。你对孩子们真挚的爱，让我们感动。自从孩子进入你的班级后，学习在进步，自信心在增长。

同行给他的留言——

我是杭州的老师，在浏览你的网页时，我承认我被深深地打动了。在功利主义盛行的时代，还有那么简单纯净的师生情感。也许，教育原本就是这么美好的。希望我们能成为朋友。

校长日志中的他——

他带着34个孩子走过了这不同寻常的初三，让每个孩子的激情被点燃，让每个孩子的潜能被激发，让每个孩子的心灵被荡涤，让每个孩子的自信在增强……

这位教师利用网络，采用独特的方式传递对学生的爱和祝福。当学生、教师、家长看着网上的照片，听着优美的音乐，看着孩子的变化，体味着那些文字，怎么能不激动，怎么能不被班主任所感动？班主任由此赢得的尊敬、信任和支持，是其开展班级工作的财富。班主任在班级精神形成中的主导地位在不知不觉中体现出来。

四、利用传统节日

班主任要善于利用传统节日开展各项专题活动，把专题教育与日常教育结合起来。这样既可以让学生加深对中华民族优秀传统文化和其他民族文化的了解，也对学生进行礼仪常识、人际交往等方面的指导。以下是一些学校在传统节日之际开展的主题活动可资借鉴：

教师节：开一个特别的班会，给任课老师一份惊喜、一份感动。表演"老师，我想对您说……""特别的爱给特别的你""大家一起来"等节目，让师生在交流中互相尊重、互相理解。要知道，良好的师生关系是教育教学顺利进行的前提。

中秋节：让学生了解中秋节的知识，让他们给不在身边的亲人打个问候的电话，体会亲情，感受亲情。

感恩节：让学生对帮助过自己的人，爱自己的人说一句感恩的话，做一件感恩的事情。这样，使每个学生学会感谢、学会给予，拥有一颗感恩的心。

"三八"妇女节：让学生为妈妈或家中的女性制作一件小礼物，说一句爱的话语，以表达对母亲的热爱。一位班主任要求学生这天给妈妈一个深情的拥抱，事后很多学生都在周记中讲述了那个激动人心的时刻和很多意外的收获。

五、送学生一份礼物

大多数教师都认为自己爱学生，但对学生进行调查时却得出了不同的答案：相当多的学生说没有感受到教师的爱。这是一个引人深思的问题。教师在对学生进行教育时，忽略了说出爱、忽略把爱用学生能接受、能体会到的方式表达出来，很多冲突也因此爆发。礼物能传递爱，让学生知道老师对自己的关注和期待，让学生对教师更亲近和信任；礼物能传递爱，让学生学会表达爱，并充满爱心地走进社会。

请看下面的案例：

"老师，明天是我的生日，你可要记住哦！"一下课，小玲就来到我的身边。

"那你要什么？"我故意问。

"我要和小蓉一样。"

她说的小蓉是上周六过生日的学生。小蓉在上周就告诉我她的生日，她想得到老师的祝福。那么，我送她什么呢？一张贺卡，一份小礼物，还是其他什么？说实话，我已好长时间没有送学生礼物了。

周五的晚上，我灵机一动，有了主意。

第二天，一上课，我照例打开书本，好像要上课的样子。看得出，小蓉

坐在下面有点失望。我打开电脑，放下屏幕，音乐响起，一个我精心挑选的FLASH动画呈现出来。精美的画面上映出欢快的几个大字：小蓉——祝你生日快乐！

学生们的眼光一下子投向了小蓉。小蓉分明有点意外，但很激动，她那小小的脸涨得通红。一下课，学生们都挤到了我的面前，叽叽喳喳。"老师，我过生日时，你怎么没有为我放FLASH？""老师，我的生日很好记的！""我的生日要是在明天就好了！"一下子，我成了孩子们的中心！

我很意外。我曾想过，学生们的生活中还缺少什么，作为老师可以给他们一些什么。一个小小的生日祝福，居然能给他们带来这么多的惊喜与期盼，真是我未曾想到的。

学生在生活中并不缺少礼物，但能收到教师礼物的机会并不多见。一个精心挑选的FLASH动画普通却不平凡，包含教师的一份良苦用心，倍显珍贵。它会成为孩子成长中难忘的回忆。亲其师，信其道，良好的师生关系是一切教育的润滑剂。有爱，教育才充满生机！有爱，教育才能创造更美好的生活！有爱，才能让班级精神闪闪发光！